Ester im Streit der Meinungen

BEITRÄGE ZUR ERFORSCHUNG DES ALTEN TESTAMENTS UND DES ANTIKEN JUDENTUMS

Herausgegeben von Matthias Augustin

Band 4

Verlag Peter Lang

Frankfurt am Main · Bern · New York

Wolfram Herrmann

Ester im Streit
der Meinungen

Verlag Peter Lang
Frankfurt am Main · Bern · New York

CIP-Kurztitelaufnahme der Deutschen Bibliothek

Herrmann, Wolfram:

Erster im Streit der Meinungen / Wolfram Herrmann. —
Frankfurt am Main ; Bern ; New York : Lang, 1986.
 (Beiträge zur Erforschung des Alten Testaments und
 des Antiken Judentums ; Bd. 4)
 ISBN 3-8204-8947-9
NE: GT

Gedruckt mit großzügiger Unterstützung der
Vereinigten Evangelisch-Lutherischen Kirche
Deutschlands, Hannover

ISSN 0722-0790
ISBN 3-8204-8947-9

© Verlag Peter Lang GmbH, Frankfurt am Main 1986
Alle Rechte vorbehalten.

Druck und Bindung: Weihert-Druck GmbH, Darmstadt

UXORI
MEAE DILECTISSIMAE
AMANTI ADIVVANTIQVE
A DEO DONATAE
SACRVM

INHALTSVERZEICHNIS

ZUM GELEIT

Der im Titel vorliegender Publikation ausgesprochene Meinungs-
streit geht von der Gegebenheit aus, daß dem Esterbuch gegenüber schon immer recht unterschiedliche Auffassungen vertreten
worden sind. Hier ist jedoch die Behandlung der Thematik ein-
schränkend zu präzisieren. Der Autor hat es sich zur Aufgabe
gemacht, nur der Beurteilung nachzugehen, die das biblische
Buch im Rahmen alttestamentlicher Wissenschaft, eingeschlossen
hergehöriger jüdischer Stimmen, seit dem Aufkommen der histo-
rich-kritischen Forschung erfuhr. Es geht dabei um nichts Ge-
ringeres als die Problematik seiner Kanonizität im Sinne der
Frage nach seinem theologischen Wert, d.h. danach, mit welchem
Recht es zum Kanon gehört und für Juden ebenso wie für Christen
glaubenbegründende Funktion hat.

Leider war mir trotz weitgreifender Bemühungen nicht alle
Literatur - älteren und jüngeren Erscheinungsdatums, davon ein
gut Teil Kommentierungen - zugänglich, die hätte geprüft werden
sollen. Ich hoffe, nichts Wesentliches unbeachtet gelassen zu
haben. Andernfalls wird es bei weitergehender Diskussion aufgegriffen werden können. Die Arbeiten von S. D. Goitein und S.
Grzybek blieben mir aus sprachlichen Gründen verschlossen. Den
Aufsatz von Nagy T. konnte ich hingegen dank einer Übersetzung
aus dem Ungarischen ins Deutsche durch den Pfarrer Fekete
Péter, zuletzt in Jászberény, dem hier ein ehrendes Andenken
gesetzt sein soll, verwerten.

Die Wiedergabe der Eigennamen entspricht den Loccumer Richtli-
nien. Bezüglich der gebrauchten Abkürzungen siehe S. Schwert-
ner, TRE-Abkürzungsverzeichnis, 1976. Außerdem wurden folgende
Abbreviaturen angewandt : BLS = Bibel-Lexikon, hrsg. v. M. von
Schenkel, DLD = Dor le-Dor, KWC = Kurzgefaßter wissenschaft-
licher Commentar zu den Heiligen Schriften des Alten Testa-

ments, NEB.AT = Die Heilige Schrift in deutscher Übersetzung. 'Die Neue Echter Bibel'. Altes Testament, NewCCHS = A New Catholic Commentary on Holy Scripture, PopCB = Popular Commentary of the Bible, POuT = De Prediking van het Oude Testament, TUi = Tekst en Uitleg.

Zu danken habe ich einer Vielzahl an Menschen, die durch ihre Handreichung bei der Bereitstellung der Literatur und dem Schreiben meine Arbeit förderten. Besonders genannt sei Frau Gudrun Schliepe von der Bibliotheca Albertina in Leipzig. Meine Frau war eine unschätzbare Hilfe bei der nicht leichten Pflicht des Korrekturlesens. Zuletzt danke ich Herrn Kollegen Augustin dafür, die Fertigstellung des Manuskripts durch großzügige Unterstützung und Gespräch ermöglicht und es in die Reihe der "Beiträge zur Erforschung des Alten Testaments und des Antiken Judentums" aufgenommen zu haben.

im Herbst 1985

Der Verfasser

9

Prooemium

Als Carl Ludwig Willibald Grimm im Rahmen des Kurzgefaßten exe-
getischen Handbuchs die Sapientia Salomonis erklärte (1),
schrieb er in der Einleitung dazu: "... nur die orthodoxe Eng-
herzigkeit und Befangenheit vermag zu verkennen, dass eine
scharfe Grenzlinie zwischen Kanon und Apokryphen sich nicht
ziehen lässt und dass das Buch der Weisheit, wie es unter den
didaktischen Apokryphen die erste Stelle einnimmt, mit weit
grösserem Rechte eine Stelle im Kanon verdient hätte als das
Buch Esther, Koheleth und das Hohe Lied." (2) Er vertrat dabei
eine durchaus zutreffende Überzeugung, das Gewicht der deuterokanonischen Literatur angehend. Indes rückten ihm die Bücher
Ester, Kohelet und Canticum in die zweite Reihe mit dem Unter-
ton, daß sie im Kanon nicht notwendigerweise einen Platz bean-
spruchen dürften. Auch von anderen Seiten wurde insonderheit
hinsichtlich Esters diese Auffassung vertreten, die jedoch auf
ihre Richtigkeit zu hinterfragen ist.

Die unten angestellten Erörterungen setzen voraus, es sei an
der Zeit durchzumustern, welche Beurteilung das Esterbuch erfuhr und was man bis heute zur Lösung der Problematik seiner
kanonischen Geltung bewerkstelligte. Dabei ist es naheliegend
und auch sachlich zu rechtfertigen, wenn die Behandlung der
Thematik begrenzt bleibt. Es nimmt die Betrachtung erst dort
ihren Anfang, wo sich die historisch-kritische Arbeit am Alten
Testament durchzusetzen begonnen hatte (3). Dem gesamten davor
zurückliegenden Zeitraum bis zum 18. Jh. hin eignete sein spe-

1   erschienen 1860

2   S. 41

3   Noch bei J. G. Eichhorn, Einleitung in das Alte Testa-
     ment, 4. Ausgabe, 3. Bd., 1823, § 508 Esther (S. 635 bis
     674), wird der Hergang des Erzählten in seinem Kern für
     wahrscheinlich gehalten und die kanonische Geltung aus
     der Geschichte der Kanonwerdung begründet.

zifischer Charakter, und er bildet ein gesondertes Kapitel der
Wirkungs- und Auslegungsgeschichte des Esterbuches. Geraffte
Zeichnungen dessen enthalten gegenwärtig beispielsweise die
Kommentare Bardtkes und Gerlemans. Hier sind nur ein paar grobe
Konturen davon zur Hinführung aufgenommen.

Im Verlaufe der Darlegungen werden weder textkritische noch
gattungsgeschichtliche oder traditionsgeschichtliche, ebensowenig historische Probleme, ferner nicht die der Datierung und
der Beziehung zwischen Erzählung und Purimfest berücksichtigt.
Auch das textliche und zeitliche Verhältnis der griechischen
Fassung zur hebräischen spielt keine eigenständige Rolle. Die
Aufmerksamkeit richtet sich allein auf die Frage nach der Re-
zeption des Esterbuches, wie sie seit dem Beginn des vergangenen Jahrhunderts beobachtet werden kann. Sie geht, ohne die jüdischen Stimmen zu vernachlässigen, dem kritischen Urteil über
das Buch nach und schließt das kirchliche nur indirekt ein.

Man registriert - obwohl unten nicht ausdrücklich davon die
Rede sein soll-, daß die freier kritisch denkenden protestan-
tischen Theologen einerseits und die durch ihren Glauben dem
überkommenen Schriftverständnis verpflichteteren zusammen mit
den katholischen auf der anderen Seite öfter relativ entgegen-
gesetzte Standorte einnahmen, die erst in jüngster Zeit einer
größeren Ausgewogenheit Platz machten, wozu nicht zuletzt jüdische Gelehrte ihr Teil beitrugen.

Insgesamt konnte das Buch Ester angesichts der Aufgaben, welche
die Forschung am Alten Testament seit dem Ende des neunzehnten
Jahrhunderts bis über die Mitte des gegenwärtigen hinaus in An-
spruch nahmen, nur einen untergeordneten Platz innehaben, wie
die im Auftrage der Society for the Study of the Old Testament
publizierten Sammelbände illustrieren (4).

---

4   Der von W.H. Schmidt verfaßte Artikel über das Alte Te-
    stament (S. 1-60) in dem durch G. Strecker herausgegebe-
    nen Band "Theologie im 20. Jahrhundert - Stand und Aufga-

Findet man im ersten der Reihe (5) lediglich die Bemerkung, Ester sei 'pagan in character' (6), und kurze Hinweise auf das jüdische Verständnis der Begebenheit, die in dem Buche berichtet wird (7), so enthält das folgende (8) im Rahmen des Abschnitts, der dem Gehalt der alttestamentlichen Literatur gewidmet ist, die Darstellungsweise des Esterbuches zusammen mit der der Davidsgeschichte erörtert, wobei es heißt, im Hintergrund sei für diejenigen, die es sehen wollen, der Glaube an die vergeltende und geschichtslenkende Aktivität Gottes erkennbar (9) sowie, Ester und Daniel ähnelten einander darin, daß sie ihre Persönlichkeiten in einem fremden Lande leben und, wenn Lebensgefahr es erfordere, auch kämpfen ließen (10). Während im dritten dieser Bände (11) bloß einige knappe forschungsgeschichtliche Informationen ohne Wertung des Buches Aufnahme fanden (12), widmet der letzte (13) ihm ein paar Wahrnehmungen mehr. Es wird erwähnt, daß man, wie andernorts, auch in Ester Einfluß von der Weisheit her annahm (14). In einem weiteren Zusammenhang heißt es, eine Schrift wie Ester lasse vermuten, daß die Juden in Babylonien ungehemmter Feindselig-

---

ben", 1983, erwähnt bemerkenswerterweise Ester nicht. Auch M.-S. Heister, Frauen in der biblischen Glaubensgeschichte, 1984, geht auf Ester nicht ein.

5   The People and the Book, ed. by A.S. Peake, 1925

6   S.387

7   S.411f

8   Record and Revelation, ed. by H.W. Robinson, 1938

9   S.56

10   S.60

11   The Old Testament and modern Study, ed. by H.H. Rowley, 1951

12   S.105 - 107

13   Tradition and Interpretation, ed. by G.W. Anderson, 1979

14   S.227

keit ausgesetzt waren. Andererseits bezeuge es, wie aus jenem
geographischen Bereich der Anstoß zu neuen Richtungen des Denkens und Lebens ausging (15). Und endlich ist die Meinung aufgenommen, das griechische Buch Ester habe in das hebräische ein
religiöses Moment eingetragen, welches in der ursprünglichen
Fassung fehlte (16).

Wird hieran eine dem Buch gewidmete erhöhte Aufmerksamkeit erkennbar, so kann man in der Tat konstatieren, daß es etwa seit
der Jahrhundertmitte vermehrt und nachhaltiger in das Blickfeld
geriet und man durch eine veränderte und angemessenere Betrach-
tungsweise seiner Eigenart Rechnung zu tragen bestrebt ist. Im
Gefolge der Wiedergewinnung des Alten Testaments als zum Kanon
der Kirche gehörig und christliches Glaubensgut enthaltend während der zwanziger und dreißiger Jahre erfährt das Buch Ester
nach älteren ähnlich laufenden Äußerungen jetzt im Nachhinein
gesondert vielfältig die gleiche Anerkennung. Es wiederholt
sich mithin der Vorgang, der sich bei der Kanonisierung ab-
spielte, insofern zu jener Zeit ebenso Ester zu den am längsten
umstrittenen Teilen des hebräischen Kanons gehörte.

Die Theologie des Alten Testaments ließ bis heute das Buch am
Rande liegen. Es wurde kaum und häufig gar nicht in sie einbe-
zogen. Die Aufgabe bleibt, in dem Belang einen Wandel herbeizu-
führen, ohne zu vergessen, daß genau bedacht sein will, welcher
Stellenwert ihm zukommt.

---

15   S.344

16   S.410

Es ist ein begrüßenswertes Zeichen der tiefer dringenden und
weiter Platz greifenden Rezipierung des Alten Testaments durch
die Forschung und im Raum der Kirche, daß sich im Verlaufe unseres Jahrhunderts ein Verständnis des Esterbuches Bahn gebro-
chen hat, welches nicht nur seinem Eigenzeugnis gerecht zu werden sucht, sondern auch die Möglichkeit eröffnet, es seiner Intention entsprechend zu erfassen und dem Reichtum biblischer
Glaubensbekundungen zu integrieren. Der Tatbestand angemessener
Aufnahme, wie er heute gegeben ist, kann schon daran abgelesen
werden, daß - nachdem zu Anfang des vergangenen Jahrhunderts
Bertholdt (1) dem Buch Ester jeglichen religiösen und moralischen Wert abgesprochen hatte - von Gutschmid gegen Ende des-
selben (2) es "ein äusserst dummes und unmoralisches Buch"
nannte (3), etwa ein dreiviertel Jahrhundert danach aber
Bardtke "die Problematik des Buches" als "so reich und noch so
wenig gelöst" beschrieb, "daß die Beschäftigung sich lohnt"
(4). In anderer Weise hatte ein Säkulum vorher Reuß gesagt:

---

1   L. Bertholdt, Historisch kritische Einleitung in sämmtli-
    che kanonische und apokryphische Schriften des alten und
    neuen Testaments, 5. Theil, zweite Hälfte, 1816, §§ 567
    bis 577 Das Buch Esther (S. 2413 - 2471), S. 2470 Fn.

2   A. von Gutschmid, Vorlesungen über Josephos' Bücher gegen
    Apion, Kleine Schriften, 4. Bd., 1893, 336 - 589

3   S. 404

4   H. Bardtke, Das Buch Esther, KAT, Zweite Bearbeitung,
    1963 (1972), Einl. S. 243; S. Sandmel, The Hebrew Scrip-
    tures - An Introduction to their Literature and religious
    Ideas, 1963, schrieb zur gleichen Zeit: "Esther is by re-
    ligious standards not a noble book. But perhaps it is a
    knowledgeable book" (S. 504). N.A. van Uchelen, A chokma-
    tic Theme in the Book of Esther - A Study in the Structu-
    re of the Story, Verkenningen in een Stroomgebied, Fest-
    schrift M.A. Beek, 1974, S. 132 - 140, äußerte, christli-
    che Gelehrte hätten in den letzten Jahren ein bemerkens-
    wertes Interesse an Ester gezeigt.

14

"Natürlich aber hat die Einverleibung des Buchs in die Sammlung
der heiligen Schriften den christlichen Theologen die Pflicht
und das Verlangen nahe gelegt, über dasselbe und seinen Inhalt
sich ein Urtheil zu bilden" (5). Es ist daraus nun freilich
durch manche eine generelle Verwerfung geworden, indem sie er-
klärten, das Esterbuch gehöre nicht in den Kanon (6). So äußerte z.B. Erbt (7), es sei "ein Stück der jüdischen Religion, das
einen Christen geradezu abstößt", da die Frömmigkeit der Juden
im 2. Jh. v. Chr. an religiöser Entartung erkrankt gewesen sei,
wie an dem hier zutage tretenden Haß, der Abgeschlossenheit und
hochmütigen Selbstvergötterung allen Andersdenkenden gegenüber
erkannt werden könne. Aus dem Grunde gebühre dem Buche "in
der Bibel eines evangelischen Christen kein Platz" (8). Noch in
jüngster Zeit lehnte es Eißfeldt vom christlichen Glauben aus
ab, weil das Christentum nicht auf eine religiöse Haltung ein-
gehen könne, die dem jüdischen Volkstum unlösbar verbunden ist

---

5   E. Reuß, Esther, BLS, 2. Bd. 1869, S. 193 - 201 (S. 194);
    in der ersten Auflage der RE (4. Bd. 1855, Esther: S. 177
    bis 185) führte Baumgarten u.a. aus (S. 177): "Es gehört
    dies Buch zu den unbekanntesten und verachtetsten der
    heiligen Schrift, obgleich es, wenn man in seinen Sinn
    einzudringen versteht, nicht bloß eine ungemein anziehen-
    de Geschichte in der ansprechendsten Form erzählt, son-
    dern auch einen Inhalt in sich schließt, der für alle
    Zeiten der Kirche zur Belehrung und Erbauung höchst wich-
    tig und nothwendig ist." A.L. McMahon äußerte die An-
    sicht, die hebräische Fassung enthalte nichts, was eines
    Platzes in der Heiligen Schrift nicht wert wäre: Cath
    Enc, Vol. V, 1909, S. 550.

6   Indirekt schon Th. Nöldeke, Die Alttestamentliche Litera-
    tur in einer Reihe von Aufsätzen dargestellt, 1868
    (Esther: S. 81 - 91), S. 88

7   W. Erbt, Die Purimsage in der Bibel, 1900

8   S. 6.85f.90; siehe ferner bei G. Wildeboer, De Letterkun-
    de des Ouden Verbonds, dt. Ausgabe: Die Litteratur des
    Alten Testaments, 1895; R.H. Pfeiffer, Introduction to
    the Old Testament, 1941 (1957), S. 747; S. Sandmel, The
    Enjoyment of Scripture, 1972 (S. 44: "I should not be
    grieved if the book of Esther were somehow dropped out of
    Scripture" [zitiert nach C.A. Moore (Ed.), Studies in
    the Book of Esther, 1982])

(9). Kein Wunder, daß sich Fuerst (10) veranlaßt sah, seine
Auslegung des Esterbuches mit dem Satz zu beginnen: "No book in
the Old Testament has occasioned more antipathy for some rea-
ders, and more enjoyment for others, than the book of Esther"
(11). Angesichts dessen drängt sich der alttestamentlichen Wissenschaft nicht nur, soweit sie der Kirche verpflichtet ist,
sondern ebenfalls von jüdischer Seite her die Nötigung auf,
einmal Bilanz zu ziehen und zu prüfen, was bis in die gegen-
wärtige Stunde zur Klärung der anstehenden Frage geleistet wurde. Dieser Aufgabe wollen die folgenden Ausführungen dienen.

---

9   O. Eißfeldt, Einleitung in das Alte Testament, 3. Aufl.
    1964; auch C. Kuhl, Die Entstehung des Alten Testaments,
    1953, meinte lapidar: "Dem Christen hat das Buch Esther
    religiös nichts zu sagen"; früher schon L. Gautier, In-
    troduction à l'Ancien Testament, T. II, 1906, S. 257;
    ähnlich A. Bentzen, Introduction to the Old Testament,
    Vol. II, 6th ed. 1961 (Esther: S. 192 - 195), S. 195. -
    Zurückhaltender meinen Th.C. Vriezen - A.S. van der
    Woude, De Literatuur van Oud - Israël, 4. Aufl. 1973, S.
    293, wegen der Rachegedanken sei das Buch in christlichen
    Kreisen nicht hoch geachtet, und W.H. Schmidt, Einführung
    in das Alte Testament, 3. Aufl. 1985 (zu Ester S. 316 bis
    319), stellt fest: "Warum muß die Rettung vor dem Unter-
    gang zum Triumph über die Feinde gesteigert werden? Ver-
    geltung aus eigener Hand ist ein gewiß verständlicher
    Wunsch der Verfolgten, aber eine theologisch illegitime
    Hoffnung" (S. 319).

10 W.J. Fuerst, The Books of Ruth, Esther, Ecclesiastes, The
    Song of Songs, Lamentations - The Five Scrolls, CBC, 1975
    (S. 32 - 90: Esther)

11 S. 32

Nicht lange nach der Entstehung des Buches Ester kam das Problem seiner religiösen und moralischen Bewertung auf. Im Judentum wichen die anfänglichen Vorbehalte bald einer ausgesproche-
nen Hochschätzung und Beliebtheit, wenn es auch bis ins 3. Jh.
n. Chr. nicht ohne Widerspruch blieb. Schon in ältester Zeit
wurde es oft ins Aramäische und Griechische übersetzt und mehrfach erweitert. Zusätze findet man im griechischen Wortlaut und
der altlateinischen Übersetzung, Ausschmückungen durch Targume
und Midrasche, bei Josephus und im Traktat Megilla des Talmud.
Noch während des Mittelalters erlebte das Buch im Kreise des
Judentums vielfältige Ausgestaltung.

Auf Seiten der Kirche war man dem Esterbuche gegenüber, teils
einschließlich der Zusätze, teils ohne sie, äußerst zurückhal-
tend und schenkte ihm relativ wenig Beachtung. Wenn es geschah,
verwertete man nur Einzelzüge oder die Hauptpersonen in alle-
gorischem Sinne, um Sachverhalte des Glaubens zu illustrieren.
Dabei blieb es bis in die beginnende Neuzeit hinein. Luther
stand gleichfalls in dieser Tradition. Er sah in der Estergeschichte Gott handelnd am Werk, der durch die fromme, demütige
und kluge Königin Ester Wunder vollbrachte. Aus der kritischen
Haltung zu den zeitgenössischen Juden kam Luther in seinen späteren Lebensjahren vereinzelt dazu, das Buch zu verwerfen, weil
es viel Jüdisches enthalte. Er nannte die Juden mörderisch und
rachgierig (1). Bedenken äußerte auch Calvin. Seit dem 17. Jh.
wurde der Weg hin zur historischen Kritik beschritten, die nach
der Geschichtlichkeit und dem religiösen Gehalt fragen lehrte.
Damit wurde unter veränderten Bedingungen die in frühester Zeit
eingenommene zwiespältige Haltung neu belebt.

---

1   Eine Aufarbeitung der Äußerungen Luthers in diesem Belang
    verdanken wir H.Bardtke, Luther und das Buch Esther,1964.

III

Um die Positionen, die man heute vertritt, verstehen und im
rechten Licht sehen zu können, ist es notwendig, die Durchmu-
sterung der bisherigen Urteile im vergangenen Jahrhundert zu
beginnen, nachdem die vorherrschende allegorische Deutung über-
wunden war (1). Sie geschieht am besten nach mißbilligenden und
anerkennenden Stimmen getrennt, deren Linien bis in die Gegenwart laufen.

Im Rahmen der ablehnenden Beurteilung wird nicht geschieden
zwischen den Juden, die als Haupt- und Nebenakteure in der Erzählung auftreten, und denjenigen, in deren Mitte sie entstand
und die darin ihre Wunschträume Gestalt werden ließen angesichts wenig zusagender und auch widriger, ja sogar bedrohli-
cher Umstände. Unter das Verdikt fällt der jüdische Charakter,
der im Esterbuche zum Ausdruck kommen soll. Die Juden seien
tückisch (2) und voller Lüge (3). Es präge die Geschichte der
Geist der Verfolgung (4) und der Feindschaft gegen die Hei-

---

1   Zu der älteren Auslegung s. bei Reuß, a.a.O., F.W.Schultz
     Die Bücher Esra, Nehemia und Esther, THBW, 1876; L.B. Pa-
     ton, A critical and exegetical Commentary on the Book of
     Esther, ICC, 1908, 2nd ed. 1951 (1964)

2   C. Siegfried, Esra, Nehemia und Esther, HK, 1901, S. 141

3   M. Haller, Esther, SAT 2, III, 2. Aufl. 1925

4   J.G. Herbst, Historisch-kritische Einleitung in die hei-
     ligen Schriften des alten Testaments, nach des Verfassers
     Tode vervollständiget und herausgegeben von B.Welte, 2.
     Theil, 1. Abtheilung, 1841, 8. Kap.: Das Buch Esther, (S.
     249 - 261), S. 260; W.M.L. de Wette, Lehrbuch der histo-
     risch-kritischen Einleitung in die kanonischen und apo-
     kryphischen Bücher des Alten Testaments, neu bearb. v. E.
     Schrader, Achte Ausgabe 1869, S. 399; F. Bleek, Einlei-
     tung in das Alte Testament, 6. Aufl. bearb. v. J. Well-
     hausen, 1893, S. 236: "... engherziger, jüdischer Rache-
     und Verfolgungsgeist..."

20

den (5) - Budde spricht sogar von wütendem Haß gegen alle
Nichtjuden (6)-, überhaupt des Fanatismus (7). Akzentuiert wird
die nationale Abgeschlossenheit (8), die man auch als nationalen Dünkel (9) oder nationalistische Geisteshaltung (10) versteht. Es überrascht nicht, daß es unter den Aburteilungen die

5   E. Bertheau, Esra, Nehemia und Ester, KEH, 2. Aufl. hrsg.
    v.V. Ryssel, 1887, S. 375; E. König, Einleitung in das
    Alte Testament, 1893; H. Gunkel, Schöpfung und Chaos in
    Urzeit und Endzeit, 1895, S. 312; W.W. Graf Baudissin,
    Einleitung in die Bücher des Alten Testamentes, 1901, S.
    308; A. Bertholet, Biblische Theologie des Alten Testa-
    ments, 2.Bd. 1911, S. 288f; A.I. Baumgarten, Scroll of
    Esther, EJ, Vol. 14, 1971, Sp. 1047 - 1057 (Sp. 1055).

6   K. Budde, Geschichte der althebräischen Litteratur, 1906,
    S. 237

7   Siegfried, a.a.O.; F. Stähelin, Der Antisemitismus des
    Altertums in seiner Entstehung und Entwicklung, 1905, S.
    22; W. Bousset, Die Religion des Judentums im späthelle-
    nistischen Zeitalter, 3.Aufl. hrsg. von H. Greßmann, 1926
    (Nachdruck 1966), S. 10 (grimmiger, jedes religiösen Zu-
    ges barer politischer Fanatismus; s. ferner S. 31f, 89
    Fn. 1); J.E. McFadyen, Introduction to the Old Testament,
    2nd ed. 1932; L. Rost, Einleitung in das Alte Testament,
    9. Aufl. 1959,

8   A. Kuenen, Historisch-kritische Einleitung in die Bücher
    des alten Testaments, autorisierte deutsche Ausgabe von
    Th. Weber, 1. Teil, 2. Stück: Die historischen Bücher des
    alten Testaments, 1890, S. 216; Siegfried, a.a.O.

9   Bertholdt, a.a.O., S. 2437 (Stolz); Nöldeke, Lit., S. 87;
    ders., Esther, EB (C), Vol. II, 1901, Sp. 1400 - 1407
    (1404); Wildeboer, a.a.O., ders., Das Buch Esther, KHC,
    1898; McFadyen, a.a.O.; G. Fohrer, Einleitung in das Alte
    Testament, 12. Aufl. 1979; ders., Das Alte Testament -
    Einführung ..., 2. u. 3. Teil, 3. Aufl. 1980, S. 131

10 Baudissin, a.a.O., S. 310; S.R. Driver, An Introduction
    to the Literature of the Old Testament, 9th ed. 1913, zu
    Ester S. 478 - 487, s. S. 486; McFadyen, a.a.O., R.H.
    Pfeiffer, a.a.O., S. 747; H.H. Rowley, The Growth of the
    Old Testament, 1950, S. 154; B.W. Anderson, The Place of
    the Book of Esther in the Christian Bible, JR 30, 1950,
    32 - 43 (s.S. 32.39); L. Soubigou, Esther, SB (PC), T.IV,
    2. Aufl., 1952; Kuhl, a.a.O., S. 294; A. Robert-A. Tricot,
    Initiation Biblique - Introduction à l'Étude des Saintes
    Écritures, 3ème éd. 1954, S. 141; G.W. Anderson, A criti-
    cal Introduction to the Old Testament, 1959; L.E. Browne,

Begriffe des Hochmuts und Stolzes gibt (11). Stähelin verstieg sich sogar zu der Behauptung, in der Zeit der Entstehung des Buches habe im Judentum ein starres, exklusives und gegen alle Andersgläubigen gehässiges Wesen vorgeherrscht (12).

Die Stimmen, die sich gegen das Buch Ester wandten, wurden aber noch rigoroser, indem sie einerseits darauf verwiesen, die Juden gebrauchten weltliche Mittel (13), mehr noch, sie befriedigten weltliche Leidenschaften (14), und darüber hinaus eindeutig ihren rohen und abstoßenden Haß (15) und ihr ungezügel-

---

Esther, PCB, 1962; A. Weiser, Einleitung in das Alte Testament, 6. Aufl. 1966; L.H. Brockington, Ezra, Nehemiah and Esther, NCeB, 1969, S. 218; D.S. Russell, The Jews from Alexander to Herod, 2nd ed. 1970, S. 191; J.A. Soggin, Introduction to the Old Testament, 1976 (Introduzione all'Antico Testamento, 2o ed., 1974), S. 404; R. Smend, Die Entstehung des Alten Testaments, 1978 (3.Aufl. 1984), spricht von einem "national-fremdenfeindlichen Akzent" (S. 221).

11   W.M.L. de Wette, Lehrbuch der historisch-kritischen Einleitung in die kanonischen und apokryphischen Bücher des Alten Testaments, 6. Ausgabe 1845, S. 296; O.F. Fritzsche, Zusätze zu dem Buche Esther, KEH zu den Apokryphen des Alten Testaments, 1. Lfg., 1851, S. 67 - 108 (S. 69); Schrader, a.a.O., S. 398 (Eitelkeit, Stolz); Kuenen, a.a. O., S. 218 Fn. 13; A. Bertholet, Die Stellung der Israeliten und der Juden zu den Fremden, 1896, S. 233; Wildeboer, Esther; Haller, a.a.O.; P. Heinisch, Geschichte des Alten Testaments, 1950, S. 355(selbstvertrauender Stolz); E. Meyer, Geschichte des Altertums, 4. Bd. 1. Abt., 5. Aufl. 1954, S. 203; Browne, a.a.O.

12   Stähelin, a.a.O., S. 23

13   Bertheau-Ryssel, a.a.O.

14   C.H. Cornill, Einleitung in die kanonischen Bücher des Alten Testaments, 7. Aufl. 1913, S. 148; so auch Haller, a.a.O.

15   Nöldeke, Lit., S. 87; E. Reuß, Die Geschichte der Heiligen Schriften Alten Testaments, 1881 (Esther: S. 581 bis 585); ders., Die politische und polemische Litteratur der Hebräer: Das Alte Testament, 7. Bd., 1894 (S. 193 - 220: Das Buch Esther); König, a.a.O.; S.R. Driver, Einleitung in die Litteratur des alten Testaments, nach der fünften vom Verfasser für die deutsche Bearbeitung durchges. u.

tes Racheverlangen (16) apostrophierten. Man sprach endlich von
Mordgier (17), Grausamkeit (18) und skrupelloser Gewaltanwen-
dung (19). Besonders Mordechai und seine Base Ester unterlagen

---

vielfach erw. engl. Ausgabe übersetzt und herausgegeben
von J.W. Rothstein, 1896, S. 522; Wildeboer, Esther;
Siegfried, a.a.O.; Baudissin, a.a.O., S. 308; Stähelin,
a.a.O., S. 21; Gautier, a.a.O., S. 255f; Haller, a.a.O.;
ders., Esther, HAT (Die Fünf Megilloth), 1940; J. Goetts-
berger, Einleitung in das Alte Testament, 1928, S. 192;
J. Hempel, Die althebräische Literatur und ihr helleni-
stisch-jüdisches Nachleben, 1930; S. 91; ders., das Ethos
des Alten Testaments, 2. erg. Aufl. 1964 (BZAW 67), S.30;
McFadyen, a.a.O.; Pfeiffer, a.a.O., S. 747; A. Lods,
Histoire de la Littérature hébraïque et juive, 1950; Ro-
bert-Tricot, a.a.O., S. 141; Meyer, a.a.O., S. 204; J.A.
Bewer, The Literature of the Old Testament, rev.ed. 1933,
S. 306; T. Nagy, Eszterkönyve, Ref Egy 1962, 37 - 40;
Brockington, a.a.O., S. 218; A. Deissler, Das Alte Testament und die neuere katholische Exegese, 5. Aufl. 1968,
notiert Exzesse menschlichen Hasses (S. 113), womit er a-
ber sicherlich beide Seiten meint.

16   de Wette, a.a.O., S. 296; Nöldeke, Lit.,S. 87f; Schrader,
      a.a.O., S. 398f; Reuß, Geschichte d. Hl. Schriften; Ber-
      theau-Ryssel, a.a.O.; Kuenen, a.a.O., S. 218 Fn. 13;
      Bleek, a.a.O.; Wildeboer, Esther; Driver, Einl., S. 522;
      Siegfried, a.a.O.; Stähelin, a.a.O., S. 21; Gautier, a.a.
      O., S. 255f; Bertholet, Theol., S. 288; C. Steuernagel,
      Lehrbuch der Einleitung in das Alte Testament, 1912;
      ders., Das Buch Ester, HSAT(K), 4. Aufl. 1923; J.A.F.
      Gregg, Additions to Esther, APOT, Vol. I: Apocrypha,1913,
      S. 665 - 684 (S. 666); Haller, SAT u. HAT; J. Horst,
      Proskynein - Zur Anbetung im Urchristentum nach ihrer re-
      ligionsgeschichtlichen Eigenart, 1932 (S. 121 - 127 zum
      Buch Ester); Lods, a.a.O., Anderson, JR, S. 32 (S. 39 li-
      stet A. die 'dark passions of the human heart' auf: envy,
      hatred, fear, anger, vindictiveness, pride); Robert-Tri-
      cot, a.a.O., S. 141; Meyer, a.a.O., S. 204; N.K. Gott-
      wald, A Light to the Nations - An Introduction to the Old
      Testament, 1959, S. 517; Bewer, a.a.O., S. 306; Bardtke,
      KAT, S. 407; Hempel, Ethos, S. 30; Fohrer, Einl.;ders.,
      Das AT.

17   Kuenen, a.a.O., S. 218, Fn. 13; Haller, SAT

18   Bertheau-Ryssel, a.a.O.; Browne, a.a.O.

19   T.W. Davies, Ezra, Nehemiah and Esther - NCeB, o.J.
      (1909),' S. 293; Bertholet, Theol., S. 288 (unersättliche
      Herrschsucht); Haller, SAT; Hempel, Ethos, S. 30

23

der Kritik. Sie seien keine guten Charaktere (20), vielmehr
grausam (21). Reuß nannte Mordechai einen kopf- und herzlosen
Fanatiker (22) und Kuenen vertrat die Ansicht, Esters und Mordechais Gesinnung und Taten könnten vom religiös-sittlichen
Standpunkt aus nur sehr ungünstig beurteilt werden (23), während Hempel in nüchternerer Betrachtung meinte, der Erzähler
wolle Idealgestalten darstellen, Menschen von kluger Berech-
nung, wilder Leidenschaft und persönlichem Wagnis (24). Otwell
(25) erkennt Ester als listenreich, um ihr Ziel, Haman zu be-
seitigen, zu erreichen. Sei Haman verschlagen, so Ester ver-
schlagener. Zu ihnen gesellt sich Paton (26), der keinen edlen
Charakter entdeckt. Ester und Mordechai hätten schlechte Cha-
rakterzüge, Ester sei aber ihrem Volk treu und zeige Mut zu
seiner Rettung (27). Trotzdem stehe das Buch moralisch unter
den anderen. Noch Haenchen (28) verwarf das Buch, weil es ge-
stempelt sei durch Rache und Mord. Es drehe sich alles nur um
das eigene Volk und dessen Sieg. Die Geschichte sei aus erzäh-
lerischen Ungereimtheiten aufgebaut und diene allein der Erklärung eines volkstümlichen Freudenfestes.

20   Lods, a.a.O., Gottwald, a.a.O., S. 517

21   Nöldeke, Esther, Sp. 1401. 1403: vindictive ferocity; Da-
      vies, a.a.O., S. 293

22   BLS

23   A.a.O,, S. 218 Fn. 13

24   Ethos, S. 30

25   J.H. Otwell, And Sarah laughed - The Status of Woman in
      the Old Testament, 1977, S. 109

26   A.a.O., S. 96

27   Ähnlich Bentzen, a.a.O., S. 194

28   E. Haenchen, Hamans Galgen und Christi Kreuz, Wahrheit
      und Glaube - Festschrift für Emanuel Hirsch zu seinem
      75. Geburtstag, 1963, 113 - 133

Es ist auf dem Hintergrund des oben in extenso Gezeichneten nur
natürlich, daß endlich Worte über die blutdürstige Leidenschaft, wie sie in der Erzählung zum Ausdruck kommen solle,
fielen (29) oder sie eine "grause, blutdürstige Geschichte" genannt wurde (30). Der Blutdurst erfuhr auch sonst mehrfach Erwähnung (31). Hempel nannte das Buch blutrünstig (32) und
Bertholet sprach von einer "bluttriefenden Erzählung" (33).

Von da aus war es nur ein kleiner Schritt zu dem Urteil, im
Esterroman liege das Zeugnis eines heruntergekommenen und verdorbenen Volkes vor und es entbehre gehobener Moral. So meinte
Reuß (34), das mißverstandene Bedürfnis, die Geschichte als ein
Stück Offenbarung darzustellen, habe zu Verirrungen des sittli-
chen Gefühls geführt, und Davies behauptete einen "low ethical
standard" (35). Man liest andererseits, das Buch sei schauder-
voll und ihm fehlten die ethischen Maximen (36). Kontrastie-

---

29   Nöldeke, Lit., S. 86f; Reuß, Litteratur der Hebräer, S.
     197

30   J. Meinhold, Einführung in das Alte Testament, 3. Aufl.
     1932, S. 360

31   Fritzsche, a.a.O., S. 69 ("der... nach Rache und Blut
     durstende Geist"); Reuß, BLS; Baudissin, a.a.O., S. 310;
     Stähelin, a.a.O., S. 22

32   Ethos, S. 105

33   Theol., S. 288

34   BLS

35   A.a.O., S. 293; O. Zöckler, Die Apokryphen des Alten Te-
     staments, KK, 1891, S. 222 - 229: Die Esther-Zusätze,
     bringt in den Erklärungen nichts zur Bewertung, äußert
     aber im Vorwort zum gesamten Buch seine Reserve in Hin-
     sicht der Ethik, ohne freilich Ester-Stellen als Belege
     zu nennen; P. Heinisch, Theologie des Alten Testaments,
     charakterisiert die ethische Haltung als der des Neuen
     Testaments weit unterlegen (S. 182).

36   Nöldeke, Lit., S. 86; Baudissin, a.a.O., S. 308; McFadyen
     a.a.O., Pfeiffer, a.a.O., S. 747

rend heißt es bei Bertholet (37): "Sich an den Feinden rächen, das Böse mit Bösem vergelten, ist die eigentliche Moral der Estererzählung". Da erstaunt es nicht, das Buch als "Aeußerung... eines krankenden Zustandes" (38) oder als Ausdruck eines der charakteristischsten Züge des Judentums, wenn nicht des widerlichsten (39), beurteilt zu finden. Es sei "... ein abschreckendes Zeugnis dafür, bis zu welcher Verwilderung von Geist und Gemüt, bis zu welcher Entstellung die Religion der Juden unter fremdem Druck getrieben ward" (40). Wildeboer (41) redet von dem "hartnäckigen und widerspenstigen Volk, zu dem die Predigt Jahwes kam", und nach Haller (42) meldet sich hier "das Judentum einer schlimmen und verdorbenen Zeit" zu Wort. In ihr hätten sich die Juden von der Gemeinschaft mit dem lebendigen Gott entfernt (43), deshalb fehle das religiöse Element (44), und Ester stünde fern vom Geist der alttestamentlichen Offenbarung und des Evangeliums wie kein anderes Buch des Kanons (45). Mehrfach hob man hervor, es sei der Kontakt zum pro-

---

37   Theol., S. 288

38   Baudissin, a.a.O., S. 309

39   McFadyen, a.a.O.

40   Meinhold, a.a.O., S. 360

41   Esther

42   SAT

43   Bertheau-Ryssel, a.a.O.

44   de Wette, a.a.O., S. 296; Nöldeke, Lit., S. 86f; Kuenen,
     a.a.O., S. 217 Fn. 12; Wildeboer, Litteratur: "... die
     letzte Zuckung der Naturreligion Israels..."; Driver,
     Einl., S. 523; S. Jampel, Esther - Eine historisch-kriti-
     sche Untersuchung, MGWJ 49, 1905, 405 - 426. 513 - 533;
     Davies, a.a.O., S. 294; McFadyen, a.a.O.; R. Rendtorff,
     Esther, EKL 1. Bd. 1956, Sp. 1165f

45   Bertheau-Ryssel, a.a.O., Bleek, a.a.O., S. 236; Driver
     Einl., S. 523; Gautier, a.a.O., S. 256. 258 (Vergebung
     Liebe und Barmherzigkeit werden nicht herausgestellt)

phetischen Glauben in ihm verloren (46).

Schließlich ist von Interesse, wie Ewald die Dinge sah, weil er
methodisch richtig die historische Komponente in die Betrachtung einbrachte (47). In der griechischen Zeit standen - so
seine Gedankenführung - die Juden zusammen und hielten an ihren
religiösen Überlieferungen fest. Sie paßten sich an und sannen
auf Rache, wobei sie das lebendige Wort Gottes vergaßen. Ester
sei ein bezeichnendes Denkmal dieser Gesinnung, das sie "zum
erstenmale ganz offen zu verklären und zu verewigen sucht"
(48). Esters Eintreten sei eine "wahre edelthat", die freilich
zu schwerer, blutiger Rache bei ängstlichem Abwehren alles
niederen Gewinnes geführt hätte. Es zeige die Erzählung im Ganzen eine neue Gestalt des alten Volksgeistes (49).

Unter den Voten, die bisher zu Wort kamen, verdienen drei gesondert vorgeführt zu werden, weil sich in ihnen die Zurück-
weisung und Verurteilung verdichtet niedergeschlagen hat. Gegen
Ende des vorigen Jahrhunderts hatte Vilmar (50) vom Buch Ester
gesagt, es bekunde "die außerordentliche starke Zähigkeit der

46   J.S. Bloch, Hellenistische Bestandtheile im biblischen
     Schriftthum - Eine kritische Untersuchung über Abfassung,
     Charakter und Tendenzen sowie die Geschichte der Kanoni-
     sirung des Buches Esther, 2. Aufl. 1882; L. Zunz, Die
     gottesdienstlichen Vorträge der Juden, 2. Aufl., hrsg. v.
     N. Brüll, 1892, S. 15; C. von Orelli, Esther, RE, 3.Aufl.
     5. Bd., 1898, S. 527 - 532 (s.S. 531); Siegfried, a.a.O.,
     S. 137; Haller, SAT; McFadyen, a.a.O.; Weiser, a.a.O.;
     Fohrer, Einl., S. 275; ders., Das AT, S. 131

47   H.G.A. Ewald, Geschichte des Volkes Israel, 4. Bd.: Ge-
     schichte Ezra's und der Heiligherrschaft in Israel bis
     Christus, 3. Ausgabe 1864

48   S. 296

49   S. 300f

50   A.F.C. Vilmar, Praktische Erklärung des Alten Testaments,
     4 Teile, 1881ff

jüdischen Nationalität, auch in ihrer ärgsten Zerrüttung" (51).
Seiner Auffassung nach stellt es ein Zeugnis der äußersten Ver-
kommenheit unter den Juden dar, die nicht wagen, ihre Namen zu
nennen, die Gott nicht erwähnen, die keine Spur von Sehnsucht
nach Jerusalem erkennen lassen und deren Sinn für die großen
Erlebnisse der Vergangenheit erstorben war.

Um die Jahrhundertwende ging Jahn in seiner Entschiedenheit
darüber hinaus, indem er die Esterrolle als das "Lieblingsbuch
des degenerirten Judenthums" beschrieb (52), welches "für das
erbauliche Bedürfnis einer religiös und moralisch entarteten
Gemeinde" aufgezeichnet worden sei (53). Mit seiner persönli-
chen Einstellung hält er nicht hinter dem Berge, wenn er äußert
(54), Ester sei ihm das einzige widerliche Buch des Alten Testaments. Die Juden hätten aus ihm "wegen seines >>gottlosen<<
Inhalts" den Gottesnamen entfernt, der in ihm ursprünglich enthalten gewesen sei, wie in jedem biblischen Buch. Jahn kam zu
dieser Meinung, weil er dem Septuaginta-Text den Vorzug gab und
den masoretischen Wortlaut für einen durch Veränderung und Ver-
kürzung entstandenen hielt. Er charakterisiert das Buch "als
eine rachsüchtige, jüdischer Nationaleitelkeit schmeichelnde,
an groben Unwahrscheinlichkeiten leidende und schädliche Fic-
tion, schädlich, weil es den Racenhass auf jüdischer Seite
schürt, wie der Antisemitismus auf christlicher." Es hätte
längst aus dem Kanon entfernt werden sollen. Die Hauptpersonen
und Vorgänge stünden "auf niedrigem moralischen Niveau"(55).

---

51   2. Teil, 1882, S. 313

52   G. Jahn, Das Buch Esther nach der Septuaginta herge-
     stellt, übersetzt und kritisch erklärt, 1901, S. VI

53   S. VII

54   S. XV

55   Bald danach konnte man bei Paton, a.a.O., S. 97, lesen:
     "The book is so conspicuously lacking in religion that it
     should never have been included in the Canon of the Old
     Testament, but should have been left with Judith and To-
     bit among the apocryphal writings."

Bemerkenswerterweise übte damals schon kein Geringerer als
Wellhausen Kritik an den Feststellungen Jahns (56). Es ginge zu
weit, im masoretischen Text Rachgier und Mordlust entdecken zu
wollen (57). Ebensowenig spüre man etwas von Religionshaß (58).

Knapp vier Jahrzehnte später meldete sich mit gleicher Entschiedenheit wie Jahn eine Stimme von jüdischer Seite selbst zu
Wort. Das Esterbuch aus dem Kanon zu entfernen, verfocht auch
Ben-Chorin (59). Er hielt es für des jüdischen Volkes unwürdig,
da es die Assimilation, das Muckertum und die hemmungslose Er-
folgsanbeterei verherrliche. Es sei das Hohelied der Opportuni-
tät, dem es an Gottvertrauen und mutigem Eintreten zugunsten
des eigenen Volkes mangele. Die zur Königin avancierte Ester
sei sittlich minderwertig, insofern sie in einer Mischehe lebe
und sich feige, erfolgssüchtig und grausam verhalte. Mordechai
auf der anderen Seite offenbare keine Glaubenstreue, denn er
gebe sein Mündel dem königlichen Wüstling preis, verschweige
sein Judentum und handele feige und dumm. Beide könnten demzufolge in keiner Weise als Vorbilder fungieren. Ben-Chorin
nennt das kleine literarische Werk zwar "eine der genialsten
Novellen der Weltliteratur" (60), verurteilt aber durchweg die
Art der Darstellung. Endlich stellt er auch heraus, das Purim-
Fest gebühre einem selbstbewußten, aufrechten Volke nicht.

Kam Ben-Chorin von einem anderen Ansatz her, so war er sich mit
gleichlaufenden Äußerungen der christlichen Seite doch in De-
tailbewertungen sowie in der prinzipiellen Mißbilligung bis hin
zur Aberkennung der Kanonizität einig. So geartete Bekundungen

---

56   Rezension in GGA 164, 1902, 127 - 147

57   ebd., S. 129f

58   ebd., S. 146

59   Shalom Ben-Chorin, Kritik des Estherbuches - Eine theo-
     logische Streitschrift, 1938

60   ebd., S. 5

stoßen an den Rand dessen vor, was an Negation möglich und denkbar ist.

IV

Es wäre tatsächlich entmutigend, würden dergleichen in der Kon-
demnation bis zum Äußersten vorprellende Positionen dominieren.
Man hat jedoch vielfach bedacht, daß das Verhalten, wie es seitens der Juden geschildert ist, aus einer verständlichen Reak-
tion kam und es die Gegenseite, die moralisch keineswegs eine
bessere Beurteilung verdient, geradezu provozierte. In der
Richtung gehende Erwägungen seien kurz vorgeführt. Schon Reuß
(1) wies darauf hin, daß die Juden von ihren heidnischen Herren
in der schnödesten und grausamsten Weise tyrannisiert und zur
Verzweiflung gebracht wurden (2). Bernfeld zufolge bekundet die
Darstellung weniger Haß als Empörung über die Bedrängnis (3).
Und Meinhold, dessen Urteil an Schärfe nichts zu wünschen übrig
läßt, räumt ein, es habe sich fremder Druck entstellend auf den
Glauben der der Juden ausgewirkt (4). Schließlich sei ein Aufsatz von Schötz (5) herangezogen, in welchem es heißt, der Charakter Esters enthalte ungünstige Züge, die Juden würden ver-
herrlicht und ihre Widersacher schlecht gemacht, und man dann

---

1   Litteratur der Hebräer, S. 201

2   Ähnlich Bertholet, Stellung, S. 231f; danach äußerte P.
     Haupt, Purim, 1906, wieder, der Rachegeist sei natürlich,
     nachdem an den Juden unaussprechliche Grausamkeiten be-
     gangen waren (S. 5);vgl. ferner Nöldeke, Esther, Sp. 1403

3   S. Bernfeld, Esther-Rolle, EJ(D), 6. Bd. 1930, Sp. 803
     bis 810 (s. Sp. 808)

4   A.a.O., S. 360; entsprechend Bentzen, a.a.O., S. 194 (das
     Buch zeigt, wie Verfolgung und Unterdrückung die Seele
     der Juden vergifteten); Fohrer, Das AT, S. 131 (die Ver-
     folgung drohte den Geist des Judentums zu pervertieren);
     H.D. Preuß, Bibelkunde des Alten Testaments, 2. Aufl.
     1983, S. 118 (allzu menschliches Rachedenken kann unter
     Verfolgungen leicht entstehen).

5   D. Schötz, Das hebräische Buch Esther, BZ 21, 1933, 255
     bis 276

liest: "Die Ströme Blutes freilich, die hängenden Leichen können nur auf die Phantasie von Menschen wirken, die in jahrelan-
ger Unterdrückung einen Haß in sich aufgespeichert haben, der
sich in einem Blutrausch, in einer Orgie des Mordens entladen
muß - wenigstens in der Phantasie, im Wunschbild, wenn die
Wirklichkeit überhaupt noch erträglich sein soll" (6).

Die Beachtung der zeitgeschichtlichen Voraussetzungen ließ zu
den Urteilen gelangen, die auf der Mitte zwischen den Extrem-
positionen liegen. Bereits Hävernick (7.) hatte sich in dieser
Richtung ausgesprochen. Ester und Mordechai trügen "schon sehr
deutlich das Gepräge des späteren entarteten Judenthums an
sich". Ihre Gesinnung charakterisiere Aufopferung für das Na-
tionalinteresse. Sie eiferten, die Ehre des eigenen Volkes aufrechtzuerhalten. So war die Rettung der Juden ihr Werk und
nicht das der göttlichen Vorsehung. Hävernick führt dann weiter
aus, die Zeit, in der Ester entstand, habe im Bewußtsein der
Verlassenheit von Gott (8) und der beleidigten "National-Ehre"
gelebt. Den Verfasser des hebräischen Buches zeichne Wahrheits-
liebe und Gewissenhaftigkeit aus. Er sei nicht irreligiös gewesen, die Religiosität erscheine nur "auf einer ihrer unter-
sten Stuffen"(9). Ester bezeuge den Übergang des Judentums zum

---

6   S. 274 - 276

7   H.A.C. Hävernick, Handbuch der historisch-kritischen Ein-
     leitung in das Alte Testament, 2. Theil, erste Abt. 1839,
     § 193 (S. 357 - 361): Ueber den religiösen Charakter und
     Zweck des Buches (Esther); später so auch Driver Intro-
     duction, S. 485

8   Der Verfasser des hebräischen Buches bezeuge dieses Fak-
     tum. Die griechischen Zusätze der späteren Bearbeiter
     hätten den Begebenheiten ein fremdes Kolorit verliehen
     und die Wahrheit heuchlerisch verdeckt.

9   Hier sei angemerkt, daß J.A. M'Clymont, Book of Esther,
     DB(H), Vol. I, 1898, S. 776, die Meinung äußerte, das
     Fehlen der religiösen Phraseologie gründe teils im Nie-
     dergang des geistigen Lebens der Nation, weil sie jahr-
     hundertelang heidnischem Einfluß ausgesetzt gewesen sei,

gesetzlichen Rigorismus, wo über dem Gesetz der heilige Gott vergessen wird oder in den Hintergrund tritt. Festhalten am Gesetz sei aber wichtig gewesen in einer Zeit, in der das echte theokratische Leben im Absterben war, denn es zeigt die letzten Reste an Treue und Eifer für das Judentum.

Fünfzig Jahre danach wog Oettli (10) das Für und Wider gegeneinander ab und gelangte zu einem wohlwollenden Resultat. Mordechai und Ester seien mit guten Zügen ausgestattet, nämlich Stolz, Klugheit, Mut und Glaube. Gott lenke die Ereignisse; er habe sein Volk nicht verlassen, sondern regiere im Verborgenen. Dennoch finde man eine gedrückte, ängstliche Religiosität, nicht die Bekenntnisfreudigkeit der Propheten. Das Buch gebe sich nicht als Trostbuch für spätere Drangsale. Der jüdisch-nationale Geist trete kräftig hervor, und zwar nicht in "liebenswürdiger Gestalt", denn er propagiere rücksichtslose Übung der Rache. Oettli gibt aber zu bedenken, daß es um Sein oder Nichtsein geht. Man fände den Ausbruch lange verhaltener Erbitterung unter schwerem Druck geschildert. Die Rettung war nur durch Gegenwehr möglich: "... so wird man, ohne sie zu billigen oder schön zu finden, der durchgreifenden Energie dieser Abwehr und der Genugthuung darüber, welche der Erzähler verrät, etwas gerechter werden können" (11).

---

was dazu geführt hätte, daß man die religiösen Gefühle nicht mehr auszudrücken vermochte, teils im heidnischen Charakter des Purimfestes. - Baumgarten, EJ, notiert wieder, Gott und sein Handeln seien nicht klar ausgesprochen (Sp. 1055).

10 S. Oettli, Das Buch Esther, KK, 1889

11 Ebd., S. 231; vgl. a. bei P. Giffin, Esther, NewCCHS, 1975, S. 407 - 411 (S. 408); weniger wohlwollend schrieb Meyer, a.a.O., S. 205: "Denn das ist überhaupt das Wesen des Judentums: die höchsten und die abstoßendsten Gedanken, das Großartige und das Gemeine liegen unmittelbar nebeneinander, untrennbar verbunden, das eine immer die Kehrseite des anderen."

Knapper äußerte sich in dieser Richtung dann Driver (12). Die
zum Ausdruck kommende Einstellung sei nicht frei zu sprechen
von der Anklage dagegen. Der Standpunkt sei ein weltlicher mit
kräftigem Nationalgefühl (13). Und die Forderungen Mordechais
und Esters nach dem Blutbad seien unverzeihlich. Die Juden ge-
rieten aber ohne ihre Schuld in Lebensgefahr, und man müsse das
Zeitgeschichtliche in Betracht ziehen.

Niebergall (14) notierte nationalistischen Rassenhaß, Verschla-
genheit, Rachgier, Mordlust und glühende Liebe zum eigenen
Volk, bemerkte aber, die Juden seien durch die Umstände dazu
gezwungen gewesen. Er hat Verständnis dafür, weil zu seiner
Zeit die Deutschen in der gleichen Lage waren. Es wurde daneben der Standpunkt vertreten, die Grausamkeit sei zu entschul-
digen, denn man müsse die vorchristliche Situation bedenken (15), oder der, man sollte vom Vorwurf des Blutdurstes Abstand nehmen, denn die extreme Lage und die Eindringlichkeit
der Erzählung verwehre jeden Anstoß - der Autor habe lediglich
die Umkehrung der Konstellation zugunsten der Bedrängten illustrieren wollen - und die Vorgänge seien zeitgeschichtlich zu
verstehen (16).

Anderson-Lichtenberger (17) sehen die Ester-Geschichte erfüllt

---

12   Einl., S. 521 - 523

13   Das Nationalgefühl unterstrich wieder M. Seisenberger,
      Die Bücher Esdras, Nehemias und Esther, KWC, 1901

14   F. Niebergall, Praktische Auslegung des Alten Testaments,
      3. Bd.: Die Geschichtsbücher, 1922 (S. 328f: Esther)

15   F. Vigouroux, Esther, DB(V), T. 2, 2ème Partie, 1926,
      Sp. 1973 - 1977 (1976)

16   A. Barucq, Judith - Esther, SB, 2ème éd. 1959, S. 88

17   B.W. Anderson - A.C. Lichtenberger, The Book of Esther,
      IntB, 1954

von Haß und Rache und den Mangel an prophetischem Geist. Sie
sei aber der literarische Niederschlag der Juden in Gefahr. Unter jenen Umständen waren Volk und Glaube nur so aufrechtzuerhalten, daß man beide eng verband. Sie sprechen von einer tra-
gischen Situation, welche das Kreuz Christi nötig machte. Man
dürfe das Buch Ester nicht verurteilen, komme in ihm doch das
ureigen Menschliche zum Ausdruck.

Schließlich nahm Mayer (18) eine vorsichtig abwägende Position
ein. Nicht alle Personen seien unsympathisch (19). Die blutige
Rache könne man nicht billigen. Sie sei allerdings aus der Situation erklärbar (20).

Am Ende stehe eine Stimme aus jüngster Zeit. Childs (21) betont
Brutalität und Nationalismus. Die ursprüngliche Erzählung habe
aber innerhalb des Glaubens Israels eine theologische Interpretation erhalten (22).

---

18   R. Mayer, Lehrbuch der Einleitung in das Alte Testament,
      2. Teil, 1967

19   Interessant ist hierbei die Bemerkung Barucqs, a.a.O., S.
      88, die griechische Weiterung 4,17e wolle Mordechai vom
      Vorwurf der hochmütigen und unsinnigen Selbstgefällig-
      keit, und das Stück 4,17u-y Ester von gesetzlicher Lax-
      heit befreien.

20   Zu solchen ambivalenten Wertungen kann man noch E.
      Kautzsch, Abriß der Geschichte des alttestamentlichen
      Schrifttums, HSAT(K) Beilagen, 1894 (Sonderabdruck 1897),
      S. 136 - 219, S. 201, E. Würthwein, Esther, HAT, 2. Aufl.
      1964 (1969), S. 173, und J.K. West, Introduction to the
      Old Testament, 2nd ed. 1981, S. 469, vergleichen.

21   B.S. Childs, Introduction to the Old Testament as Scrip-
      ture, 1979 (S. 598 - 607: Esther)

22   S. 604

V

Im Kontrast zu der oben gezeichneten Beurteilung, welche den Esterroman verwirft, steht die Überzeugung, er habe einen ihm eigenen religiösen Gehalt (1). Es wurde hervorgehoben, die aus einzelnen innerlich verknüpften Szenen aufgebaute und im Raum der Geschichte verankerte Erzählung, der man meisterhafte Gestaltung und ästhetischen Wert zuerkennen müsse (2), schildere Gottes Vorsehung (3) und seine Lenkung der geschichtlichen

---

1 G. Smit, Ruth, Ester en Klaagliederen, TUi; 1930, hat kein ausdrückliches Urteil, gehört aber auf die Seite derer, die das Buch positiv aufnehmen. J.B. Schildenberger bietet im LThK, 2. völlig neubearb. Aufl., 3. Bd., 1959, Sp. 1115f, eine knappe günstige Würdigung.

2 Vielfach bis in die Gegenwart betont, siehe vor allem die gründliche Bearbeitung von H. Striedl, Untersuchung zur Syntax und Stilistik des hebräischen Buches Esther, ZAW 55, 1937, 73 - 108; Nöldeke, Esther, Sp. 1402, äußerte sich gegenteilig; auch Pfeiffer, a.a.O., hält es literarisch nicht für ein 'masterpiece'; so aber Anderson, JR, S. 32; F.M.Th. de Liagre Böhl, Het Oude Testament, 1919, S. 100f, nannte das Buch sogar eine der kostbarsten Perlen der orientalischen Erzählkunst.

3 Scheiner, Esther, WWKL; 3. Bd. 1849, S. 722 - 727; C.F. Keil, Biblischer Commentar über die nachexilischen Geschichtsbücher: Chronik, Esra, Nehemia und Esther, BC, 1870, S. 611; ders., Lehrbuch der historisch-kritischen Einleitung in die kanonischen und apokryphischen Schriften des Alten Testaments, 3. Aufl. 1873, S. 469; Schultz, a.a.O.; P.-É. Faivre, Le Livre d'Esther et la Fête de Pourim - Essai historique et critique, 1893, S. 58; v. Orelli, a.a.O., S. 532; Seisenberger, a.a.O.; L. Bigot, Livre d'Esther, DThC, T. 5ème 1913, Sp. 850 - 871 (Sp. 870); P. E. Kretzmann, PopCB, Vol. I, 1923 (S. 785 - 798: The Book of Esther); E. Kalt, Tobias, Judith, Esther, 1924, S. 95; Haller, SAT; Soubigou, a.a.O; E. Henne, Das Alte Testament aus dem Grundtext übersetzt und erläutert, 1. Teil, 11. Aufl. 1952; Barucq, a.a.O., S. 87; P.A. Verhoef, Bible Book of the Month: Esther, Chr To 5, 1961, 998 - 1001 (46 - 49); H. Höpfl, Introductio specialis in Vetus Testamentum, editio sexta 1963, S. 288 - 297: De libro Esther (S. 295f); A. Robert - A. Feuillet (Éd.), Einleitung in die Heilige Schrift, Bd. I: Allgemeine Ein-

Ereignisse (4). Sie lasse das Wissen um die Gerechtigkeit in
der Weltregierung (5) und den Glauben an Gottes Handeln (6)

---

leitungsfragen und Altes Testament, 2. Aufl. 1966 [Intro-
duction à la Bible, T. I, 2ème éd. 1959], Esther: H.
Lusseau; Mayer, a.a.O., B.M. Metzger, An Introduction to
the Apocrypha, 3rd ed. 1969, S. 55 - 63: The Additions to
the Book of Esther (S. 62); R.K. Harrison, Introduction
to the Old Testament, 1969, S. 1098; C.A. Moore, Esther,
Anc B, 1971 (3rd ed. 1979), S. XXXIII; H. Lusseau,
Esther, Introduction à la Bible, T. II: Introduction
critique à l'Ancien Testament sous la direction de H.
Cazelles, 2ème éd. 1973, S. 639 - 645 (S. 640); G.L.
Archer, Jr., A Survey of Old Testament Introduction, rev.
ed. 1974.

4   Schultz, a.a.O.; F. Kaulen, Esther, WWKL, zweite Auflage,
     4. Bd. 1886, Sp. 922; v. Orelli, a.a.O.; Bigot, a.a.O.,
     Sp. 867; Kretzmann, a.a.O.; Kalt, a.a.O., S. 95.117;
     Haller, SAT; C.C. Torrey, The Older Book of Esther, HThR
     37, 1944, 1 - 40 (S. 10); E.J. Young, An Introduction to
     the Old Testament, 1949, S. 349; F. Stummer, Das Buch
     Ester, EB.AT, 1950; S. Goldman, Esther - Introduction and
     Commentary, SBBS - The Five Megilloth, 2nd ed. 1952, S.
     192 - 243 (194); H. Bückers, Das Buch Esther, HBK, 1953;
     J. Dreissen, Ruth, Esther, Judith in der Heilsgeschichte,
     1953 (S. 55 - 76: Das B. Esther); A. Barucq, Das Buch
     Ester, Bi Jer, 2ème éd. 1959; B. H. Kelly, The Books of
     Ezra, Nehemiah, Esther, Job, LBC, 1962 (S. 41 - 49: The
     Book of Esther), S. 43; Bardtke, KAT, S. 405f; C. Schedl,
     das Buch Esther und das Mysterium Israel, Kairos 5, 1963,
     3 - 18 (S. 18); Robert - Feuillet, a.a.O.; W. Dommershau-
     sen, Esther, BL, 2. Aufl. 1968, Sp. 441 - 443; ders.,
     Ester, NEB.AT, 1980, S. 8; Harrison, a.a.O.; Vriezen - v.
     d. Woude, a.a.O.; K.V.H. Ringgren, Das Buch Esther, ATD,
     3. Aufl. 1981, S. 392; Preuß, a.a.O.; O. Kaiser, Einlei-
     tung in das Alte Testament, 5. Aufl. 1984, S. 209;
     Schmidt, a.a.O., S. 319

5   Schultz, a.a.O., S. 220; Faivre, a.a.O., S. 22; W. Busch,
     Die Bücher Esra, Nehemia und Esther in religiösen Be-
     trachtungen für das moderne Bedürfnis, 1912 (Das B.
     Esther: S. 140 - 160)

6   Bertholet, Theol.(Wissen um Gottes Allmacht); Busch, a.a.
     O. (Gott widersteht den Hochmütigen); Kalt, a.a.O.,S.95;
     Barucq, a.a.O., S. 87; Kelly, a.a.O., S. 47; Robert-
     Feuillet, a.a.O.; H.B. Οικονομου, Το Βιβλιον της Εσθηρ,
     1967, spricht von der Allmacht Gottes (S. 53 - 56: Το
     θεολογικον περιεχομενον); Deissler, a.a.O., S. 113 f;
     Moore, Anc B, S. XXXIII

spüren. Alles geschehe aber zum Schutze (7) und zur Rettung (8)
der Juden vor der Vernichtung durch die Heiden. Es gibt Äußerungen, die ausdrücklich zu dem Vorwurf des Hasses und der
Mordgier Stellung nahmen und die Art des jüdischen Vorgehens zu
erklären suchten. Da heißt es, die Schilderung der Abwehr halte
sich an tradierte Muster, oder aber, sie sei aus der Institution des Bannes zu verstehen (9). Die grausame Ausmalung diene
der dramatischen Einkleidung einer These religiöser Art (10)
oder es sei andererseits das nach damaligem Kriegsrecht Übliche
gezeichnet und keine Abschlachtung wehrloser Menschen berichtet (11). Man war also bestrebt, es nicht bei generalisierenden
Pauschalurteilen bewenden zu lassen, im Gegenteil die Dinge
differenzierter zu sehen, wozu die unterschiedlichsten Beobachtungen beigesteuert wurden. So versicherte man, die Juden
hätten weder Rachgier noch Blutdurst gehegt (12), oder wenig-

---

7   Schultz, a.a.O.; E. Dimmler, Tobias, Judith, Esther,
     Machabäer, 1922 (Esther: S. 107 - 154); Haller, SAT; M.
     Kardinal Faulhaber, Charakterbilder der biblischen Frau-
     enwelt, 7. Aufl. 1938, S. 90; K. Boxler, Esther - Die
     Heldentat der Königin, 1947; Würthwein, a.a.O.; Kaiser,
     a.a.O., S. 208 (4, 14; 6,13).

8   Keil, Einl., S. 469; Vilmar, a.a.O., S. 319; Kuenen, a.a.
     O., S. 204; Kretzmann, a.a.O.; McFadyen, a.a.O.; П. I.
     ΜΠΡΑΤΣΙΩΤΗΣ, Εισαγωγη εις την Παλαιαν Διαθηκην, 1937;
     Torrey, a.a.O., S. 10; Boxler, a.a.O.; Robert-Tricot,
     a.a.O., S. 141; Oikonomos, a.a.O.; Mayer, a.a.O.; Harri-
     son, a.a.O.; Archer, a.a.O.

9   J. Schildenberger, Das Buch Esther, HSAT, 1941; W. Dom-
     mershausen, Die Estherrolle - Stil und Ziel einer alttes-
     tamentlichen Schrift, 1968, S. 110f; vgl. ders., Der En-
     gel, die Frauen, Das Heil - Tobias - Ester - Judit, 1970
     S. 14

10   Barucq, a.a.O.

11   Stummer, a.a.O.; Pfeiffer, a.a.O.: geboren aus der Kampf-
     situation unter Hyrkan, militant; so schon Haupt, a.a.O.,
     S. 3

12   Scheiner, a.a.O., wies Hochmut, Rachsucht und Blutdurst
     zurück, dagegen betonte er ein gehobenes Nationalbewußt-
     sein und Wege der Vorsehung (S. 725), Rache und blutdür-
     stige Gelüste seien vielmehr auf Hamans Seite (S. 722);

stens die hebräische Urform habe keinen Haß gegen die Andersgläubigen enthalten. Bickerman (13) nahm zur Wertschätzung und
dem Verständnis des Esterbuches Stellung, die erst im Zuge der
Aufklärung in ihr Gegenteil umgeschlagen seien (14), und sagt,
das Buch atme keinen Haß gegen die anderen Völker; nur Haman
sei der Feind der Juden, der das Edikt gegen sie erwirkt (15).
Dem gegenüber meint Rießler, in der Septuagintagestalt atme das
Buch nicht den Geist der Rache, des Hasses und der Unversöhn-
lichkeit (16). Es wird ferner das Recht der Juden zur Selbst-
verteidigung unterstrichen (17) und gesagt, die Erzählung zeige, wie die Gemeinde Gottes sich in der Vereinzelung und Zerstreuung behaupten konnte (18). Bückers erklärte allgemein, ab-
fällige Urteile seien unberechtigt und die nationale Note mit
blutigem Triumph habe in dem profanen Charakter des Berichteten
ihre Ursache (19). Es gibt sogar die Auffassung, man müsse
Grundzüge der Geschichte, die Anlaß zu scharfen Stellungnahmen

---

Keil, BC, S. 609

13   E.J. Bickerman, Four strange Books of the Bible - Jonah,
Daniel, Koheleth, Esther, 1967 (S. 169 - 240: The Scroll
of Esther or Esther and Mordekai)

14   S. 211 - 218

15   S. 196; aufgegriffen von Baumgarten, EJ

16   P. Rießler, Esther, LThK, 2. neubearb. Aufl., 3. Bd.,
1931, Sp. 805f

17   Scheiner, a.a.O., S. 723 (die Juden töten notgedrungen);
Baumgarten, RE, S. 184 (Notwehr); Keil, BC, S. 609; Kau-
len, a.a.O., Sp. 927 (Notwehr); Bigot, a.a.O., Sp. 868;
R.P.J. Reniè, Manuel d'Écriture Sainte, T. II, 1930 (Ch.
X: Livre d'Esther, S. 255 - 270), S. 270; Soubigou, a.a.
O.; Robert - Feuillet, a.a.O.; Bickerman, a.a.O., S. 218
(begründet die rechtliche und auch anderweitig belegte
Verteidigung durch Tötung, wenn seitens der Regierung ei-
ne Gruppe von Leuten zu outlaws erklärt war und ver-
gleicht Ne 4 [S. 193f]); Dommershausen, BL;

18   Schultz, a.a.O., S. 233

19   A.a.O., S. 326. 329

und Tadel jüdischer Eigenart geworden waren und bis in die Gegenwart teilweise noch sind, rein literarisch erklären und von dorther verstehen (20). In der Weise deutete Torrey (21) die erfolgreiche Niedermetzelung so vieler Feinde seitens der Juden. Der Bericht habe sich als notwendig erwiesen, um in das rechte Verhältnis zu Ester und Mordechai sowie der zwei Tage dauernden Festfeier zu treten. Daneben meint Moore (22), Esters Bitte um einen zweiten Kampftag sei ein literarisches Mittel, um eine geschichtliche Basis für die beiden Purimfesttage zu gewinnen (23). Folgerichtig heißt es bei Kaiser (24): "Esther gehört zu den literarischen Kostbarkeiten der Bibel, die sich bei unvoreingenommener Begegnung auch heute noch dem Leser erschließen".

Anderenteils wird auf die religiöse Seite eingegangen, nämlich eigens unterstrichen, daß das religiöse Moment nicht fehlt (25), man hingegen auf eine durch den Gang der Begeben-

---

20   Siehe A.E. Morris, The Purpose of the Book of Esther, ET 42, 1930/31, 124 - 128 (S. 124); eine Andeutung in der Richtung auch bei Nagy, a.a.O. Jetzt nennt wieder J.G. Williams, Women recounted, 1982, S. 79f, das Esterbuch einen geschichtlichen Roman, in dem alles wohl abgewogen ist.

21   A.a.O.

22   AncB, S. 91

23   Scheiner, a.a.O., nennt Ester ein zu liturgischem Gebrauch bestimmtes Buch (S. 723)

24   A.a.O., S. 202

25   Schultz, a.a.O. (das Element des Glaubens ist vorausgesetzt, aber in der Zeit verhüllt); F. Kaulen, Einleitung in die Heilige Schrift des Alten und Neuen Testaments, 3. Aufl. 1890, S. 271; Baudissin, a.a.O., S. 309; Busch, a.a.O. (das Buch enthält wertvolle religiöse Gedanken); Rießler, a.a.O.; Torrey, a.a.O., S. 10; Young, a.a.O.; Lods, a.a.O.; Paton, a.a.O., formuliert: "The book is not irreligious but it is non-religious" (S. 95f); ähnlich Anderson, JR., S. 36; Y. Kaufmann, תולדות האמונה הישראלית (The Religion of Israel), 1956; Kelly, a.a.O., S. 47;

heiten bewirkte Belebung des Glaubens und Ermutigung zur Frömmigkeit (26) sowie die erkennbare Wirksamkeit von Fasten und
Gebet (27) stoße. Nach Henne (28) will das Buch ein Beispiel
der Frömmigkeit und Sittenreinheit vor Augen führen. Endlich
wurde die Meinung laut, hier triumphiere die "Sittlichkeitsi-
dee einer höheren Weltordnung" (29), oder man ließ vernehmen,
der Leitgedanke sei, Gott wende alles zum Besten, wo menschliche Kraft und Einsicht versagen (30), ist doch - wie Köhler
rechtens hervorhebt - das Buch Ester vom Glauben an das Dasein
Gottes getragen wie alle andere im Alten Testament zusammenge-
stellte Literatur (31).

Es heißt weiter, die frappante Gegebenheit, daß in der gesamten
Erzählung weder von Gott noch von dem Glauben der Juden - speziell Esters und Mordechais - ausdrücklich die Rede ist, liege
an einer dem dargestellten Sachverhalt angemessenen Zurückhal-

---

Höpfl, a.a.O., S. 290; W.W. Grasham, The Theology of the
Book of Esther, Rest Q 16, 1973, 99 - 111 (S. 109f:
"Esther is definitely a religious story, told in nonreli-
gious language").

26   Schultz, a.a.O. (die Juden fühlten sich als das Volk des
      wahren Gottes, die Ehre Gottes ging ihnen über die Ehre
      der Menschen); Boxler, a.a.O., Dreissen, a.a.O. (das B.
      Ester redet von der Treue und Macht Gottes, er verläßt
      die Juden nicht, wenn sie ihn nicht verlassen [S. 57],
      das B. Ester festigte in der nachexil. Zeit den Glauben
      und machte die Juden reif für die Prüfungen unter Antio-
      chus IV. [S. 75]); Deissler. a.a.O., S. 114

27   Boxler, a.a.O.; Moore, AncB, S. XXXIII

28   A.a.O.

29   B. Fischer, Biblisch-talmudisch-rabbinische Blumenlese,
      1878, S. 218f

30   Heinisch, Theol., S. 125

31   L. Köhler, Theologie des Alten Testaments, 4. überarb.
      Aufl. 1966, S. 2

tung (32). Dagegen sagt Clements (33), die Literatur des Alten
Testamens sei fundamental religiös und setze die Aktivität Gottes auch dort voraus, wo sie ihn nicht ausdrücklich erwähnt,

---

32   H. Chavannes, Le Livre d'Esther, RThQR 12, 1903, 177 bis
215, konstatierte, die Erzählung enthalte Religiöses
nicht ausdrücklich, und äußerte die Vermutung, die Vermeidung alles Religiösen scheine im Perserreich auf das
Bestreben zurückzuführen zu sein, alles geheimzuhalten,
was die Juden von der übrigen Bevölkerung unterschied (S.
189f); Metzger, a.a.O., vermutet, das Buch sei in einer
Zeit geschrieben, als es gefährlich war, sich offen zur
Verehrung des Judengottes zu bekennen (S. 62); vgl. a.
Jampel, a.a.O., S. 516. Kaulen, Einl., S. 271, meinte im
Gegenteil, der Gottesname fehle nur in der heutigen Gestalt des Buches, nicht in der ursprünglichen, vgl. Fn.
41. Wieder anders sieht die Dinge A.D. Cohen, "Hu Ha-
goral": The Religious Significance of Esther, Jdm 23,
1974, 87 - 94, der in ihm einen "unmistakable Judaic religious character" entdeckt und dem Werfen des Loses zen-
trale Bedeutung beimißt. Das Los sei das Symbol der
Schicksalsmacht. Gott handele hinter dem Schleier von
Kausalität und Geschick. Um diese Tatsache zu betonen,
werde der Name Gottes nicht erwähnt. - Bloch, a.a.O., ist
der Ansicht, Est 3,2-4 verrate deutlich, wie der Verfasser sich Gewalt antue, um Gott nicht erwähnen zu müssen,
und das geschehe deshalb, weil die jüdischen Hellenisten,
denen B. die Abfassung des Buches zuschreibt, dem Gott
Israels entfremdet gewesen seien und oft schon griechischen Göttern geopfert hätten (S. 31). Es heißt dann weiter, dem hebräischen Gott werde mit aller Ängstlichkeit
ausgewichen und in der Not werde nicht zu ihm gebetet
noch ihm nach der Rettung gedankt (S. 91f). Nöldeke,
Esther, Sp. 1403, zufolge geht die Vermeidung des Gottes-
namens zurück auf den "coarse and worldly spirit of the
author". - Erwähnenswert sind hinsichtlich des hier ange-
sprochenen Sachverhalts die Beobachtungen von N.J. Fredman, Themes in the Book of Esther, DLD V, 3, 1977, 111
bis 123. Er sieht die Verborgenheit Gottes in eine Reihe
weiterer Verhüllungen, wie sie im Gang der Erzählung be-
gegnen, eingebettet und vermutet, die Tatsache, daß Gott
nicht erwähnt wird (the hidden Name) widerspiegele seine
Verborgenheit im Geschehensablauf (the hidden Presence).
Man habe lediglich eine Hindeutung dort, wo das Geschick
der Juden eine Wende nehme: die Anfangsbuchstaben der ersten vier Worte der ersten Einladung Esters zum Gastmahl
bei sich 5,4 bα bilden den Gottesnamen: יבוא המלך והמן
היום (S. 114f).

33   R. E. Clements, Old Testament Theology - A Fresh Ap-
proach, 1978, S. 53

44

und das gelte namentlich in bezug auf das Esterbuch. Bei Keil
liest man, der Verfasser habe weder die handelnden Personen
gottesfürchtiger darstellen wollen, als sie waren, noch die Begebenheit unter einen Gesichtspunkt stellen, "der seinen Zeit-
genossen und der Sache selbst fremd war". Deshalb habe er sich
"mit der einfachen Erzählung der Thatsachen ohne alle subjec-
tive Reflexion" begnügt (34). Schließlich wird auf die Bedeutung der Zusätze hingewiesen, welche den religiösen Gehalt vertiefen (35).

Es ist auf dem Hintergrund der hier gegebenen knappen Übersicht
nicht unwesentlich zu bemerken, daß Haller (36) trotz seines
harten Urteils dennoch mit kritischem Blick andersgeartete Beobachtungen machte, welche die einseitige Verwerfung des Esterbuches als ungerechtfertigt erscheinen lassen, und daß Pfeiffer (37) darauf hinwies, es sei, weil - so seine Überzeugung -
das Buch nichts Religiöses enthalte, jede Verurteilung vom
religiösen Standpunkt ausgeschlossen. Es ermöglicht ja tatsächlich neue Einsichten, wenn man sich an den schon relativ früh
niedergeschriebenen Rat Stracks (38) erinnert, man müsse sich,

34 BC, S. 611; Einl., S. 493; ihm schloß sich F.H. Reusch,
    Lehrbuch der Einleitung in das Alte Testament, 4. Aufl.
    1870, an. Oikonomos, a.a.O., unterstreicht freilich die
    Frömmigkeit Mordechais und Esters.

35 M'Clymont, a.a.O.,; Gregg, a.a.O. (sie enthalten Gebet,
    Vertrauen, Erinnerung an Gottes Gnadenerweisungen); Ba-
    rucq, SB, S. 87; Robert - Feuillet, a.a.O.; Oikonomos,
    a.a.O.; Dommershausen, Estherrolle, S. 159; Harrison,
    a.a.O., S. 1220; Giffin, a.a.O., S. 407; nach Bickerman,
    a.a.O., wollen die griechischen erläuternden Zusätze
    nicht das fehlende Religiöse eintragen, sondern für
    Nichtjuden Unverständliches erklären (S. 218 - 234)

36 SAT

37 A.a.O., S. 747

38 H.L. Strack, Einleitung in das Alte Testament, 6. Aufl.
    1906, S. 158; ähnlich vor ihm schon P. Cassel, Das Buch
    Esther, 1891.

um das Buch richtig beurteilen zu können, in die Lage der Dia-
sporajuden versetzen. Immerhin fände man nicht - so Pfeiffer
weiter - den frischen und bekenntnisfreudigen Gottesglauben wie
bei den Propheten und in den Psalmen (39). Ähnlich sagte Gottwald (40), die Geschichte müsse an ihrem historischen Ort verstanden werden, man habe in ihr eine 'liturgical catharsis' eines Volkes, das viele schlechte Erfahrungen machte.

Mehrere vermuten, das Buch habe aus dem Grunde ein profanes
Äußere, weil es von einer weltlichen Festfeier, die obendrein
fern der Heimat begangen wird, handle, und der Gottesname sei
deshalb vermieden, damit er nicht entweiht würde (41).

---

39 Das betonte wieder Paton, a.a.O., S. 96

40 A.a.O., S. 517

41 Scheiner, a.a.O., S. 725; Baumgarten, RE, S. 184 (das
Verschweigen des göttlichen Namens ist die angemessene
Form der Verherrlichung des göttlichen Tuns, Gott selber
war verborgen geblieben); Kaulen, Esther, Sp. 925f, u.
Einl., S. 271 - 273 (mit anderer Begründung: das griech.
Buch sei die Übersetzung des ursprünglich umfangreicheren
hebr. Originals, dort ist der Name enthalten, dieser
sei später getilgt worden, weil das Purimfest seinen
anfänglich religiösen Charakter verloren habe [so auch
F. de Moor, Le Livre d'Esther, 1896; Jahn, a.a.O.; H.H.
Howorth, The Prayer of Manasses and the Book of Esther,
PSBA 31, 1909, 89 - 99. 156 - 168; J.E. Steinmueller, A
Companion to Scripture Studies, Vol. II: Special Introduction to the Old Testament, 8. Aufl. 1954, S. 141f; bei
Bewer, a.a.O., heißt es, das Fehlen des Religiösen sei
offenbar dem nonreligious character des Purimfestes zuzu-
schreiben]; die im griech. Text erhaltenen Stücke gehör-
ten organisch zum Inhalt, zwei davon fehlten im masoretischen Text nicht vollständig, sondern seien lediglich ge-
kürzt, nämlich 2,21 - 23 u. 5,1-8. Man konfrontiere dem
allerdings, daß B. Jacob, Das Buch Esther bei den LXX,
ZAW 10, 1890, 241 - 298, die Zusätze als spätere Ausschmückungen und Ergänzungen bezeichnet [S. 292f]; siehe
auch Reusch, a.a.O., S. 134. Eine besondere Art der Quel-
lentheorie hat F.-X. Roiron, Les Parties deutérocano-
niques du Livre d' Esther, REvSR 6, 1916, 3 - 16: das
Werk des griechischen Übersetzers sei ein "agencement de
plusieurs pièces préexistantes et authentiques."); F.
Schwally, Das Leben nach dem Tode, 1892, S. 43; Faivre,
a.a.O., S. 22; v. Orelli, a.a.O., S. 531; E. Kautzsch,

Schildenberger und nach ihm Ringgren warfen den gewichtigen Gedanken in die Debatte, es liege eine Verkoppelung des Nationalen und Religiösen vor (42). Dommershausen meinte, Gottes Heiligkeit sei verhüllt. Er wirke durch Menschen, um sein Volk zu
retten und zu erhalten, da dessen Feinde auch seine Feinde sei-
en (43). Daß in einem verhüllenden, manche wenig anziehenden
und andere abstoßenden Gewande religiöse Momente verborgen liegen, hat auch Bardtke gesehen (44). Die einseitige Ablehnung im
Banne einer antijüdischen Befangenheit ist also offensichtlich
nicht mehr möglich (45). Diese Tatsache bestätigt Würthwein

Die Apokryphen des Alten Testaments, 1900, S. XIX;
Baudissin, a.a.O., S. 310 (Gottesname respektvoll umgan-
gen); M. Seisenberger, Einführung in die Heilige Schrift
- Ein Abriß der biblischen Geographie, Archäologie, Einleitung in das Alte und Neue Testament samt Hermeneutik,
6. Aufl. 1909, S. 394; Th. K. Cheyne, Esther, EBrit, 11th
ed., Vol. IX, 1910; McFadyen, a.a.O.; Schildenberger,
HSAT; Young, a.a.O., S. 349; Anderson, JR, S. 35f; Paton,
a.a.O., S. 95; Goldman, a.a.O., S. 194; Anderson-Lichtenberger, a.a.O.; Bewer, a.a.O., S. 306, (Religiöses fehlt,
weil Purim fremd); Bardtke, KAT, S. 252; ders., Zusätze
zu Esther, JSHRZ, 1973, S. 17.26; Dommershausen, BL
(Glaube an Gottes Heiligkeit, Ehrfurcht vor dem Sakro-
sankten); so auch ders., Ester, S. 8; ders., Der Engel,
S. 14

42   Schildenberger, HSAT; Ringgren, a.a.O., S. 392; in der
      Richtung vorher schon Jampel, a.a.O.

43   Estherrolle, S. 157f; Der Engel, S. 14

44   KAT, S. 405 - 408: Zur theologischen Bedeutung des Buches
      Esther; komprimiert findet man die Gedanken in seinem Ar-
      tikel der RGG, 3. Aufl., 2. Bd. 1958, Sp. 703 - 707

45   Interessanterweise hatte Gunkel seine nicht günstige
      Beurteilung, der er bald darauf nochmals in der Reihe
      der Religionsgeschichtlichen Volksbücher Ausdruck gab
      (Esther, 1916), in der zweiten Auflage der RGG gegenüber
      der ersten etwas abgemildert: 1. Aufl., 2. Bd. 1910, Sp.
      647 - 653; 2. Aufl., 2. Bd. 1928, Sp. 376 - 381. Das
      Gleiche ist bei W. Eichrodt, Theologie des Alten Testa-
      ments, Teil III, 2. Aufl. 1948, S. 12, 4. neubearb. Aufl.
      1961 (Teile II und III), S. 175, zu beobachten.

einmal mehr (46). Er weist darauf hin, wie Haß und Verfolgung
zu einer Leidenschaftlichkeit führten, welche die Juden der
"Welt" gleichstellte. Der Glaube an Gottes Bewahrung habe einen
diesseitigen und eben deshalb problematischen Ausdruck gefunden. Gleichwohl könne man dem Buch einen religiösen Wert nicht
absprechen, weil es darstellt, wie in aller Schauerlichkeit des
Geschehens Gott den Weltenlauf nicht sich selbst überläßt und
seinem Volke in Zeiten der Bedrängnis Helfer entsendet. Deshalb "... konnte es dem jüdischen Hörer seit zwei Jahrtausenden
den Trost und die Stärkung geben, deren er in der nie abreißen-
den Kette von Verfolgung und Angst bedurfte" (47).

Ähnlich gelagerte, freilich bejahendere Gedanken formulierte
danach Fuerst (48). Die Geschichte um Ester und Mordechai rüh-
re an jahrhundertelange Sehnsüchte, Freuden und Befürchtungen.
Sie spreche unmittelbar die jüdischen Existenzfragen in der
weltweiten Zerstreuung an. Die Juden wurden immer wieder in
Ghettos gedrängt, diskriminiert und gequält, und das nur, weil
sie Juden waren. Gegen dieses Übel, das schon bestand, bevor es
den christlichen Glauben und christliche Inquisitoren gab,
schreit das Buch Ester hinaus. Es half Generationen, die den
Haß ihrer Nachbarn zu spüren bekamen.

---

46   A.a.O.

47   S. 170 u. 173; vgl. schon Gautier, a.a.O., S. 258; siehe
      ebenso Bardtke, KAT, S. 406f; auch Henne, a.a.O., meinte,
      die Estergeschichte wolle Trost vermitteln. Ebenso äußer-
      ten sich Nagy, a.a.O., und G. Auzou, La Tradition bib-
      lique - Histoire des Écrits sacrés du Peuple de Dieu,
      1957 (dt. Als Gott zu unseren Vätern sprach - Geschichte
      der Heiligen Schriften des Gottesvolkes, 1963, S. 266);
      im Gegensatz dazu hatte freilich Kuenen, a.a.O., betont,
      Tröstung und Ermutigung könne man nicht finden, der Ver-
      fasser führe keine Gründe vor, die dafür sprächen, daß
      eine gegenwärtige Not wieder abgewendet werden könnte.

48   Fuerst, a. a. O., S. 41.89

VI

Wie man erkennt, ist die Forschung auf ihrem Wege ein gut Stück
vorangekommen, und es ist ratsam, das bisher zu einem sachge-
rechten Verstehen des Esterbuches Beigesteuerte nicht achtlos
liegenzulassen. Es gesellen sich dazu Beobachtungen, welche die
Schilderung in den Gang israelitisch-jüdischer Literaturge-
schichte eingebettet finden. Bereits am Ende des neunzehnten
Jahrhunderts vertrat Rosenthal die Ansicht, es bestehe ein
Verhältnis sachlicher und sprachlicher Art mit vielen einzelnen Vergleichspunkten zwischen der Josefsgeschichte sowie den
Büchern Ester und Daniel (1). In neuerer Zeit wurde dann
einesteils wieder darauf verwiesen, das Schicksal Esters und
Mordechais erinnere an das Daniels und Josefs (2), andernteils
unter Betonung der weisheitlichen Motive (3) beteuert, die
Estererzählung und die Josefsgeschichte seien nach dem gleichen
Grundplan aufgebaut und enthielten Ähnlichkeiten bzw. Paralle-
len.

---

1   L.A. Rosenthal, Die Josephsgeschichte, mit den Büchern
     Ester und Daniel verglichen, ZAW 15, 1895, 278 - 284;
     ders., Nochmals der Vergleich Ester, Joseph- Daniel, ZAW
     17, 1897, 125 - 128 (bekräftigte seine Ansicht, die Zu-
     sätze zu Ester vermehren die Vergleichspunkte); dazu kri-
     tisch und ergänzend P. Rießler, Zu Rosenthal's Aufsatz,
     Bd. XV, S. 278ff, ZAW 16, 1896, 182; bestätigt von Nöl-
     deke, Esther, Sp. 1403f

2   Barucq, SB, S. 83f; E.L. Ehrlich, Der Traum des Morde-
     chai, ZRGG 7, 1955, 69 - 74, hatte vorher nachgewiesen,
     daß dieses zusätzliche Stück auf ältere Motive zurück-
     greift, besonders auf solche aus der Josefsgeschichte;
     die Verwandtschaft mit Daniel betonte auch Auzou, a.a.O.,
     S. 266, die mit der Josefsgeschichte Vriezen-van der
     Woude, a.a.O., S. 293; siehe auch Barucq, SB, S. 83.

3   M. Gan, The Book of Esther in the Light of the Story of
     Joseph in Egypt, Tarb. 31, 1961/62, 144 - 149 (u. a. ähn-
     liche Motive, Ausdrücke und Redewendungen, die nur Ester
     und der Josefsgeschichte gemeinsam sind).

Humphreys wandte sich speziell den Beziehungen zu, die zwischen Ester und Daniel bestehen (4). Wie im ersten Teil des Danielbuches Hoferzählungen vorliegen, so nimmt Humphreys auch eine ursprüngliche Hoferzählung um Ester und Mordechai an, die zunächst nichts mit dem Purimfest zu tun hatte. Die Zentralgestalten hier und dort setzen sich seiner Meinung nach gemäß der ursprünglichen Fassung, die erst im Nachhinein eine Uminterpretation erfahren habe, für einen eigenen Lebensstil in der fremden Umgebung ein, der darin bestehe, sowohl die Bindung an die Glaubensgenossen wie gleicherweise an den König aufrechtzuerhalten, ohne daß beides in Spannung zueinander gerate, d. h. der Jude könne sich seiner Umwelt integrieren, ohne von seinem Glauben abzulassen (5).

---

4   W.L. Humphreys, A Life - Style for Diaspora: A Study of the Tales of Esther and Daniel, JBL 92, 1973, 211 - 223

5   H. deutet auch die Beziehung Esters zur Josefsgeschichte an: dort erlangt eine Angehörige, hier ein Angehöriger des israelitisch-jüdischen Volkes die höchste Position im fremden Staate - die Diasporasituation führte dazu, die Josefsgeschichte zum Modell der Estererzählung zu wählen -, und erinnert an die Verwandtschaft zu Jer 29. Bloch, a.a.O., erkennt in der Erzählung eine apologetische Tendenz; der Vf. wolle den "angefeindeten Männern seiner Gegenwart Schutz" bieten und Verleumdungen von ihnen abwehren, indem die treue Stellung zum Hof des Heidenkönigs gerechtfertigt wird, denn in treuem und friedlichem Verhalten gegen das Herrscherhaus seien das Heil und Wohl des Volkes am sichersten verbürgt. - An dieser Stelle sei außerdem der These Erwähnung getan, die B. Wolff, Das Buch Esther - Ein Beitrag zur Erklärung der Hauptschwierigkeiten des Buches, 1922, vertritt. Er unterscheidet zwei Urschriften. Die eine sei das von Mordechai verfaßte Handexemplar für den König, ohne die Erwähnung des Purimfestes und des Gottes der Juden, um dessen religiöse Gefühle nicht zu verletzen. M. habe durch seine Niederschrift dem König vorführen wollen, welchem Bösewicht, der nach dem Thron strebte, er seine Gunst erwiesen habe. Und D. Daube, The Last Chapter of Esther, JQR 37, 1946/47, 139 - 147, zufolge hat der Erzähler auch heidnische Leser im Blick, die erkennen sollen, dem Staat obliege es, seine Einkünfte durch Steuern zu erhalten, nicht durch Pogrome.

Vorher hatte McKane die Aufmerksamkeit auf eine literarische Verbindung zur Saulgeschichte hingelenkt (6) und Brownlee den literarischen Konnex des Septuagintaberichtes über Esters Gang zum König mit den Theophanieschilderungen nachgewiesen (7).

Endlich meinte Gerleman Entsprechungen zwischen der Estergeschichte und dem Bericht von Exodus 1 - 12 konstatieren zu können (8). Seiner Meinung nach liegen bemerkenswerte Ähnlichkeiten vor, so schon die entscheidenden Etappen des Geschehens: fremder Hof, tödliche Bedrohung, Rettung, Rache, Triumph, Stiftung eines Festes. Also ist offenbar die Geschichte über Ester und Purim von Anfang an als ein Gegenstück zur Erzählung vom Exodus und Passa angelegt (9), wobei auch Kontrastierendes vorkommt. Ist der Entwurf des Buches Ester als Ganzer an dem Bericht Ex 1 - 12 orientiert und ihm in Stilelementen, Wortwahl und Formalem nachgebildet, so liegt der wesentliche, aber bewußte Unterschied in der Enttheologisierung der Geschichte, die unter völlig anderen örtlichen und zeitlichen Umständen spielt (10).

---

6   W. McKane, A Note on Esther IX and I Samuel XV, JThS 12, 1961, 260f.

7   W.H. Brownlee, Le Livre Grec d'Esther et la Royauté divine - Corrections orthodoxes au Livre d'Esther, RB 73, 1966, 161 - 185 (S. 164 - 170).

8   G. Gerleman, Studien zu Esther - Stoff, Struktur, Stil, Sinn, 1966, S. 10 - 28; ders., Esther, BK, 1973, § 3: Esther und Exodus, - M.E. Andrew, Esther, Exodus and Peoples, ABR 23, 1975, 25 - 28, greift die Gedanken Humphreys' und vor allem Gerlemans kritisch auf, indem er notiert, was seiner Meinung nach im Vergleich des Letzteren nicht stimmig ist, mehr aber den Versuch macht, das dort Vorgetragene weiterzuführen.

9   G. teilt die Meinung, es seien ältere Vorlagen oder Quellen zusammengearbeitet worden, nicht und nimmt eine von vornherein einheitliche Konzipierung an.

10   Die Vergleichspunkte im einzelnen entnehme man den Fn. 8 genannten Arbeiten.

Einen anderen literarischen Zugang suchte Craghan (11). Er fand
in den Büchern Ester, Judit und Rut die - unterschiedlich poin-
tierte, aber in einer Reihe gleicher Kategorien nachweisbare -
Befreiung von Bedrückung und Machtmißbrauch.

Baumann, der in einem kleinen Artikel (12) zunächst knapp die
Frage der Beurteilung des Buches bei Juden und Christen und
neuere Versuche zum Verstehen bespricht, stellt heraus, in ihm
walte keine "Ahnungslosigkeit oder Mangel an Frömmigkeit",
vielmehr seien religiöse Aussagen vermieden, weil eine bewußte
Beschränkung "auf das von außen her Erkennbare" vorliege, welche den Leser herausfordere, nach den Hintergründen des Geschehens zu fragen.

Schließlich wurde gesondert die Erkenntnis ausgesprochen, der
Esterroman habe ein weisheitliches Genre (13), denn distanziert

---

11   J.F. Craghan, Esther, Judith and Ruth: Paradigms for Hu-
      man Liberation, BTB 12, 1982, 11 - 19

12   A.H. Baumann, Komme ich um, so komme ich um, FÜI 58,1975,
      8 - 12 (s. S. 11)

13   Davies, a.a.0., S. 296: 'a didactic romance'; ΜΠΡΑΤΣΙΩ-
      ΤΗΣ a.a.0. (didaktische und paränetische Erzählung über
      den Geschichtslauf); Auzou, a.a.0., sagt, die Verwandt-
      schaft des Buches zur Weisheitsliteratur sei offenkun-
      dig; Dommershausen spricht von einer weisheitlichen
      Paränese (BL) und führt dann aus, es handele sich um eine
      theologisch verhüllte und weisheitliche Erzählung, die
      von einem frommen Juden verfaßt worden sei, Menschen-
      typen würden dargestellt, Mordechai und Ester seien
      Weise, weitblickend und geduldig, es würden Weisheits-
      lehren veranschaulicht, wie das Beispiel der bösen Tat
      und das Eintreten für die Bedrängten (Estherrolle; Ester,
      S. 6f); ders. wiederholte diese seine Gedanken in Der
      Engel, S. 14f; S. Talmon, 'Wisdom' in the Book of Esther,
      VT 13, 1963, 419 - 455; der These Talmons von einer hi-
      storisierten Weisheitserzählung schloß sich Moore, AncB,
      S. XXXIIIf, an (hält den Autor für einen Weisheitsleh-
      rer); Dommershausen, Estherrolle; Vriezen - van der
      Woude, a.a.0., S. 293. - G.J. Botterweck, Die Gattung des
      Buches Esther im Spektrum neuerer Publikationen, BiLe 5,
      1964, 274 - 292, bewertete speziell Talmons Beurteilung

erzählte Begebenheiten hielten die Hauptpersonen in ihrem Verhalten als Leitfiguren vor Augen. Die jüdische Religiosität fehle wegen des kosmopolitischen Weisheitsdenkens (14). Das Verhalten der Hofleute werde als das des Weisen und des Toren geschildert, desgleichen der Gegensatz von Gut und Böse und deren Folgen gezeigt (15).

Auf eine tragfähige Grundlage stellte diese Argumentation Müller, der das Buch Ester neben anderen literarischen Stücken als weisheitliche Lehrerzählung versteht (16). Die so bestimmte Gattung orientiere sich an einer Weltordnung, in der die Gottheit und der Mensch die ihnen zugedachten Rollen innehaben. Entsprechend dem weisheitlichen Vergeltungsgedanken ist es dem Menschen aufgegeben, seine Rechtlichkeit zu erfüllen, und der Gottheit, sie zu sanktionieren. Gemäß der konstanten Struktur dieser Stücke ist in ihnen von einem Helden und einer Heldin die Rede, welche in Konflikt geraten und darin ihre Tugend bewähren - hier im höfischen Intrigenspiel zur Rettung ihres

---

als günstig und förderlich. - Im Gegensatz dazu lehnt J.L. Crenshaw, Method in Determining Wisdom Influence upon "historical" Literature, JBL 88, 1969, 129 - 142, den Einfluß von Weisheit auf das Buch Ester ab, man könne in ihm nichts davon finden, sie sei ihm fremd (S. 140 bis 142); so auch R. Gordis, Religion, Wisdom and History in the Book of Esther - A new Solution to an ancient Crux, JBL 100, 1981, 359 - 388.

14   C. A. Moore, Daniel, Esther and Jeremiah: The Additions, AncB.A 1977 (S. 151 - 252: The Additions to Esther), S. 157

15   Siehe Botterweck, a.a.O.

16   H.-P. Müller, Die weisheitliche Lehrerzählung im Alten Testament und seiner Umwelt, WO 9, 1977/78, 77 - 98; er rechnet dazu die Rahmenerzählung des Hiobbuches, die Josefserzählung, die Rahmenerzählung des aramäischen Aḥiqarbuches, die Geschichte von Daniel als weisem Mantiker (Da [1f]; 3,31 - 4,34;5), die Estergeschichte, die Märtyrererzählungen Da 3,1 - 30; 6 und das Buch Tobit; den Gattungsbegriff der "Lehrerzählung" übernahm er aus G. v. Rad, Weisheit in Israel, 1970, S. 67.

bedrohten Volkes klug und tatkräftig handeln -, wofür sie die
Bestätigung in der Bestrafung des Antihelden und ihrer eigenen Belohnung erfahren. Man erkenne einen den weisheitlichen
Lehrerzählungen eigenen Mechanismus des Funktionierens. Danach
bleibe Gott distanziert und es sei kaum von seiner Zuwendung
die Rede, denn er wirke im Verborgenen.

Kurz zuvor widmete van Uchelen seine Aufmerksamkeit dem Problem (17). Er fand im Esterbuch, was er "weisheitliche Mentali-
tät" nennt, und arbeitet den Sachverhalt an dem Korrespondieren
von Tun und Ergehen, Lebenshaltung und Schicksal heraus, wofür
mehrere, hier öfter wiederkehrende Verben konstitutiv seien,
ohne daß das Ganze des Buches von der Weisheit her erklärt werden könne. Eine solche Stimme ist beachtenswert, denn sie bewahrt vor einer unsachgemäßen und übereilten Vereinseitigung im
Urteil. Wesentlich ist van Uchelens Bemerkung in Fn. 16: "The
concept of an orderly design might correct the notion that
cruelty and vengeance are the underlying motives in the deve-
lopment of the story of Esther".

Eine vergleichbare Position vertritt Fuerst (18). Seiner Meinung nach sind die weisheitlichen Züge in Ester weder spezi-
fisch noch zahlreich genug, daß man auf einen Weisen als Verfasser der Schrift schließen könnte. Sie erhellen vielmehr die
Durchdringung des jüdischen Denkens von der Weisheit her und
die Verwendung derartiger Motive und Charakteristika durch den
Autor.

---

17   A.a.O.

18   A.a.O., S. 39

VII

Zu den jüngsten, in kürzester Abfolge publizierten Äußerungen, welche versuchen, bis dahin gemachte Erkenntnisse verarbeitend, Intention und theologischen Gehalt des Esterromans aufzuspüren und nachzuzeichnen, gehören die von Levenson, Meinhold, Loader, Berg und Clines.

Levenson (1) erklärt, das Esterbuch sei weder antiheidnisch noch nationalistisch eingestellt, vielmehr "a defense of selfdetermination in a time of exile". Es wolle helfen, die Diasporasituation durchzustehen. Erkennbar sei das fortgesetzte Retten und göttliche Handeln zugunsten der Juden. Die Bedeutung des Buches könne man finden, wenn man es in die Literatur der nachexilischen Zeit eingebettet versteht. Weiter argumentiert Levenson, die nachexilische Theologie sei auf die Rückkehr und den Zion konzentriert gewesen. Es war die Frage, wie man in der Diaspora noch existieren konnte, und dieses Problem habe Ester lösen wollen. In dem Geschilderten fehlt "the concern for Zion". Es ist auf das Leben in der Diaspora, nicht auf den Zion und die Rückkehr dorthin ausgerichtet, vielmehr auf das Überleben dort und das Zusammenleben mit den Heiden. Der Autor des Esterbuches sah die Diasporasituation nicht als einen Fluch an. Sie stellte freilich eine Neuerung dar, die der Erklärung bedurfte. Wenn nun aber diese neuartige Situation von Bestand sein sollte, mußte sie in einer Weise beschrieben werden, die aus der eigenen Geschichte vertraut war. Von daher kommt der Verfasser dazu, die Transformation der Diaspora aus einer schwachen, verwundbaren Schar in eine starke Gemeinschaft nicht aus menschlicher Anstrengung allein, sondern vornehmlich als das Ergebnis von Gottes Wirken in der Geschichte verständlich zu machen. Dazu enthüllt die Erzählung eine realistische

---

1   J.D. Levenson, The Scroll of Esther in Ecumenical Perspective, JES 13, 1976, 440 - 452

Beurteilung der neuen Lage. Sie birgt weder übergroße Hoffnungen noch falsche Erwartungen und Vorstellungen.

Am Ende wendet sich Levenson nochmals gegen den Begriff des jüdischen Nationalismus. Er habe die Ohren der Theologen für die religiöse Seite von Ester taub gemacht. In Wirklichkeit sei jene Idee das Erzeugnis der jüdischen und nichtjüdischen Kritiker, die nicht in der Lage sind zu sehen, daß das Selbstverständnis Israels es verwehrt, in das Prokrustesbett von Nation, Kirche oder Kultur eingepaßt zu werden.

Meinhold (2) griff die These auf, wonach Ester strukturell von der Josefsgeschichte abhängig sei. Für beide literarische Größen verwendet er den Gattungsbegriff "Diasporanovelle" (3). Die Juden waren - so argumentiert Meinhold - gezielter Feindschaft ausgesetzt. Ihre Lage habe sie gezwungen, sich mit dem dadurch entstandenen Problem auseinanderzusetzen. Es werde im Gang der Darstellung sehr häufig der Begriff "Jude" gebraucht (4), so daß er als ein Leitwort verstanden werden könne. Die Juden überlebten nicht von selbst. Vielmehr sei dazu Aktivität, hier als Selbsthilfe vonnöten. Die drohende Gefahr werde durch tätigen Einsatz abgewehrt, d. h., der Energieaufwand führe zum Erfolg. Denn Jahwe beobachte das menschliche Tun, bis es keine Möglichkeiten mehr habe (5). Dann greife er in den Gang der Dinge ein. Insofern tue der Mensch, was Gott sonst auch tun

---

2   A. Meinhold, Theologische Erwägungen zum Buch Esther, ThZ 34, 1978, 321 - 333

3   Die Gattung der Josephsgeschichte und des Estherbuches: Diasporanovelle, ZAW 87, 1975, 306 - 324; 88, 1976, 72 bis 93. Die im Laufe der Zeit vorgenommenen Gattungsbestimmungen führte Botterweck, a.a.O., vor.

4   Mordechai äußert 3,4 begründend, er verweigere Haman die Proskynese, weil er Jude sei.

5   4,14

würde (6). Die Aktionen auf jüdischer Seite entsprächen seinem
Willen. Von daher gesehen liege eine Identifizierung der jüdischen Existenz mit dem Willen Gottes vor (7). Es sei der Blick
im Rahmen des Erzählten den innerweltlichen Realitäten zuge-
wandt, freilich nicht um der Erörterung allgemein-menschlicher,
also weisheitlicher, Probleme willen. Im Vordergrund stünden
die Menschen, die mit der auf sie zukommenden Wirklichkeit
fertig werden müßten. Nun redet 9,3 vom paḥad mord^{e}kaj, dem
Schrecken vor Mordechai, wozu im unmittelbaren Kontext der
Schrecken vor den Juden tritt. In der älteren Literatur war der
Schrecken vor Menschen durch Jahwe verursacht (8). An jener
Stelle fehlt die Zurückführung auf Jahwe. Die Juden sind aber
die Nachfahren der Israeliten. Meinhold spricht auf Grund dieses Sachverhaltes von Enttheologisierung und Anthropologisie-
rung im Sinne von Ethnologisierung (Judaisierung). Im Esterbuche gehe es letztlich um das Überleben und die Existenz der Juden in der persischen Diaspora. Die Erzählung berichte das Ü-
berleben der von Vernichtung bedrohten Juden. Ihre Separation
wirke immer wieder anstößig, sei jedoch zur Bewahrung der Iden-
tität notwendig. Der Vorwurf der Feindschaft gegen die politi-
schen Verhältnisse des Gastlandes sei unberechtigt und falsch.
Allerdings habe die Erfahrung gelehrt, daß Jahwe nicht nur
nicht sofort, sondern oft gar nicht eingriff und den Juden
vielfach Gewalt geschah. Angesichts dessen wolle die Estergeschichte dazu ermuntern, die jeweils gegebenen Möglichkeiten zu

---

6   Eine Beobachtung in der Richtung auch bei Chavannes, a.a.
     O., S. 182. 185. - I.L. Seeligmann, Menschliches Helden-
     tum und göttliche Hilfe - Die doppelte Kausalität im alt-
     testamentlichen Geschichtsdenken, ThZ 19, 1963, 385 -
     411, erwähnt zwar Ester nicht, seine Ausführungen tragen
     aber zur Sache einiges bei, insofern die Koppelung von
     menschlichem und göttlichem Handeln auch sonst vielfältig
     beobachtet werden kann.

7   Vgl. Anderson, JR, S. 35f

8   Dt 2,25 (Mose); 11,25 (Israeliten); 1 C 14,17 (David)

ergreifen und auszukaufen (9). Vielleicht seien die Dinge absichtlich überzeichnet, damit das Entscheidende deutlich werde,
nämlich der Aufruf, alle Chancen zu nutzen, sich tatkräftig
einzusetzen und sich den Gegebenheiten anzupassen, ohne das
eigene Wesen aufzugeben, und das alles geschehe auf sehr
menschliche Weise. Dabei gelte es zu beachten, daß die Erzählung nur das Überleben mit dem Willen Gottes identifiziert,
nicht die Art des Handelns der Hauptakteure auf jüdischer Seite. Die Juden seien dagegen fragwürdig gezeichnet. In ihrer
Menschlichkeit könne man sie kaum von den anderen Völkern
unterscheiden. Gegen einen aktiven Feind kennten sie selbst in
der Defensive nur die Mittel der Gewalt. Gott stehe zu den
Juden eben nicht, weil sie besondere Vorzüge hätten (10).

In einem weiteren Aufsatz nahm Meinhold zur gleichen Thematik
unter z. T. verändertem Blickwinkel erneut das Wort (11). Er
sagt dort, der Gehorsam Esters gegenüber Mordechai in 4,13f sei
nachgerade der Gehorsam gegenüber dem Willen Gottes. Die genannte Stelle bilde die geistige Mitte des Buches und ziele auf
die Integrität des gesamten jüdischen Volkes. In der Errettung
aller Juden liege die tragende Linie. Nicht nur die jüdischen
Hauptpersonen seien hervorzuheben.

Schließlich hatte Meinhold bei der Ausarbeitung eines Kommen-
tars zum Buche Ester die Gelegenheit, seine Überzeugung in extenso zu entwickeln (12). Es heißt da, hinter dem Wortlaut des
Buches stehe eine theologische Deutung. Es gehe um die Bewäh-

---

9   Schon Hempel, althebr. Lit., hatte betont, der Verfasser
     des Buches wolle zur Treue gegen das eigene Volk ermun-
     tern (S. 153).

10   Vgl. Dt 7,7f - Einige der von Meinhold vorgetragenen Ge-
     danken hatte Bardtke, KAT, S. 405f, schon angedeutet.

11   A. Meinhold, Zu Aufbau und Mitte des Estherbuches, VT 33,
     1983, 435 - 445

12   A. Meinhold, Das Buch Esther, ZBK, 1983

rung der jüdischen Existenz unter dem Zeichen der Bewahrung
Israels vor seinen Feinden. Der Mensch sei aufgefordert zu tun,
was Gott offenbar getan haben will. Menschliche Taten ersetzen
demnach göttliche Machterweise, involvieren freilich seine
Hilfe. Am Ende des Abschnitts, der von der Religiosität des
Buches handelt, liest man, der Schrecken vor Mordechai bzw. der
vor den Juden sei ein "theologiehaltiger Begriff" und Ester sei
"ein religiöses Buch in nichtreligöser Sprache" (13). Meinhold
führt dann ferner aus, es entspreche dem Tun-Ergehen-Zusammen-
hang, wenn die Judenfeinde getötet werden, weil sie töten wollten. Das hier vorliegende Menschenbild sei thematisiert durch
"Verantwortung des Menschen". In 4,14-17 klinge die "grundle-
gende Bestimmung des Menschen, die willige Unterordnung von
Mann und Frau unter Gott", an. Den beiden jüdischen Hauptpersonen eigneten vielerlei menschliche Werte: Schönheit, Beschei-
denheit, Standhaftigkeit, Einsatzbereitschaft, Mut zur Öffent-
lichkeitswirkung usf. (14). Ester beweise Mut. Sie riskiere es,
dem Mächtigen gegenüberzutreten und werde innenpolitisch wirksam. "Das Estherbuch klingt wie ein Loblied auf diese Frau, das
in dieser Form nur in später alttestamentlicher Zeit vorstell-
bar ist und das dem Loblied auf die gute (Haus-)Frau (Spr 31,
10-31) würdig an die Seite treten könnte" (15).

Zuletzt sind dem Autor noch zwei Dinge von Belang. Er betont,
auch Christen könnten das Buch als zeitgeschichtliches Zeugnis
lesen. Gott habe zum einen die Juden nicht aufgegeben und das
Esterbuch habe auf der anderen Seite Gültigkeit für die Kirche,
weil im Grunde die Juden und Christen nur ein einziges Volk
Gottes seien. Der andere Topos betrifft das Problem der Gewalt-
anwendung. Die jüdische Gegengewalt sei notwendig geworden,

---

13 S. 101

14 Weitere Wesenszüge und die dazugehörigen Belegstellen
siehe ebd., S. 105

15 S. 106

weil der gewaltlose Weg nicht gangbar war (16). Weil menschliche Grenzüberschreitungen dabei nicht auszuschließen sind, sei,
um ihm die Härten nicht anzulasten, vielleicht deshalb Gott
nicht genannt worden. Es sei aber die aus Zügen der Gewaltan-
wendung hergeleitete Verurteilung des Buches von christlicher
Seite höchst fragwürdig, denn das "theologische Recht zur Kritik an der Gewalt in Esther - auslösende wie erwidernde - muß
heute mit einem moralischen Recht dazu verbunden sein" (17).

Loader (18) beginnt seine Darlegungen, indem er bemerkt, das
komplizierte Problem des theologischen Standortes des Esterbuches könne gelöst werden. Er bezieht sich auf die durch Dommershausen vorgenommene Bestimmung der Estererzählung als ver-
hüllter Weisheitstheologie und sagt, man müsse fragen, worin
eine solche Verschleierung ihren Grund habe, denn die Antwort
darauf kläre exakt, was das Buch vermitteln wolle. Die Suche
nach der Antwort - so Loader weiter - förderten die Beiträge
Talmons und Gerlemans, welche integriert werden könnten. Es
zeigten sich nämlich dann drei Bedeutungsschichten. Die zutage
liegende erzählt - charakterisiert von Intrigen, Konflikten und
Haß -, wie die Juden aus der Gefahr, vollständig vernichtet zu
werden, Rettung erfuhren. Der Bericht sei ein meisterhaftes literarisches Produkt und laufe auf die Institution des Purimfestes hinaus.

Die Verwendung biblischer Überlieferungen lasse sodann zwei
weitere Schichten erkennen. Einmal diejenige, welche zeige, daß
Gott Israel aus der persischen Gefährdung ebenso wie aus der
ägyptischen rettete. Das Motiv des göttlichen Eingreifens sei
gegeben, aber verhüllt. In vielfältigen Details und Erzählungs-

---

16   8,5f

17   S. 111f; sinngemäß schon Gautier, a.a.O., S. 258

18   J.A. Loader, Esther as a Novel with different Levels of
      Meaning, ZAW 90, 1978, 417 - 421

zügen finde man religiöse Momente. Als ein ihm wichtiges Beispiel arbeitet Loader die chiastische Gestaltung der Wende -
eines seiner Meinung nach dominanten Themas im Alten Testament - in dem Ereignisgang heraus, die, wiederum chiastisch
stilisiert, in 9,1 knapp zum Ausdruck komme. Gottes Interve-
nieren sei verborgen (19) und es erschienen Menschen als Helfer. Hier tauche die dritte Bedeutungsschicht auf. Gottes Lenkung der Ereignisse geschehe unter der Oberfläche, nicht ge-
räuschvoll und offenkundig. Menschliches Planen und Handeln
seien nicht gehindert. Hier liege ein typisch weisheitlicher
Wesenszug. Loader entfaltet diesen Sachverhalt durch Bezugnahme
auf die Josefsgeschichte, in der auch menschliche Weisheit und
Initiative verflochten sind mit Gottes Handeln, welches erst in
der Rückschau erkennbar wird. Gleiches findet man in den Pro-
verbien. Loader beschließt seine Ausführungen mit den Sätzen:
"The Book of Esther should be read as a story of God's intervention on behalf of his people, but also as a story of human
wisdom and initiative. This is shown by the exodus model and
other religious suggestions, in particular the x-pattern of
power relations, which are purposely veiled" (20).

Seine Auffassung übernahm Loader zwei Jahre später in den von
ihm verfaßten Kommentar zum Esterbuch (21). Man liest dort
über das bereits Ausgeführte hinaus, es stehe nirgends, daß
Gott in das Geschehen eingreift, aber der innerweltliche Verlauf der Begebenheiten erwecke in seiner Schematisierung den
Eindruck, er greift ein. Außerdem sei allein hier die Überzeugung dargelegt, daß selbständige menschliche Initiative und
Verantwortlichkeit die göttliche Lenkung der Dinge nicht aus-
schließen.

---

19   Bereits von Böhl, a.a.O., ausgesprochen

20   C.H. Miller, Esther's Levels of Meaning, ZAW 92, 1980
     145 - 148, stimmt Loader von der strukturalen Entwick-
     lungspsychologie her zu.

21   J.A. Loader, Esther, POuT, 1980

Nach ihm ist auf das Buch Bergs einzugehen (22). Die Autorin
widmet sich der literarischen Gestalt der Estererzählung und
den sie tragenden Ideen. Sie ist geneigt, ihr eine didaktische
Absicht zuzuerkennen, wenn auch der primäre Zweck es gewesen
sein mag zu unterhalten. Der Erzähler wollte offensichtlich
einige Vorstellungen oder 'Themen' vermitteln, und zwar die der
Macht, der Loyalität zur jüdischen Gemeinde, der Unverletzlich-
keit der Juden und des Umschlags oder der Umkehrung im Lauf der
Dinge. Ein Vergleich mit der Josefsgeschichte, Da 2-6, Rut,
Jona und Judit lasse den gemeinsamen Erlebnishintergrund, Über-
einstimmungen, aber auch Differenzen konstatieren, wobei sie
zusammengebunden seien durch die Diasporasituation. Die deut-
lichste Beziehung besteht nach Meinung der Verfasserin zur Josefsgeschichte, obgleich die Art der und die Gründe für die Abhängigkeit des Esterbuches von der Josefsgeschichte noch abso-
lut ungeklärt seien.

Die Tatsache, daß eine eindeutige Bezugnahme auf Gott fehlt,
erkläre sich aus der Absicht, menschliche Verantwortlichkeit,
die Geschichte zu steuern, zu betonen und die Verborgenheit von
Gottes Lenkung anzuzeigen. Eine Reihe an zusammenfallenden Er-
eignissen, die auf eine Umkehr der Dinge hinauslaufen, deuteten
an, daß sie nicht rein auf Zufall zurückgeführt werden könnten,
vielmehr in ihnen die göttliche Aktivität bewußt werde, die unter der Oberfläche der Begebenheiten liege. Darin dokumentiere
die Erzählung einé implizite Theologie: Jahwe ist verborgen gegenwärtig, denn die Geschehnisse beruhen auf einem Ordnungs-
prinzip, einer verborgenen Kausalität. Immerhin dürften sich
die Juden nicht immer nur auf Jahwes Beistand verlassen, sondern müßten die notwendigen Aktionen zur eigenen Rettung unter-
nehmen, um ihren Platz in der Geschichte zu behalten. Vorbildhaft dienten dazu die berichteten Anstrengungen Esters und Mordechais, die deutlich machen wollten, daß jeder Jude genötigt

---

22 S.B. Berg, The Book of Esther - Motifs, Themes, Struc-
   ture, 1979

sei, sich für seine Glaubensverwandten einzusetzen. Die Treue zu Gott werde in der Treue zum eigenen Volk wahr.

Zum Beschluß betont Berg die Bedeutung des Esterbuches für die Gegenwart, d. h. für die heutige Lage der Juden in der Welt.

Kurz darauf nahm die gleiche Autorin nochmals zu der Frage, in- wieweit der Glaube an Gott im Buch Ester vorausgesetzt ist, das Wort (23). Sie führt dort aus, es verkenne Gottes Aktivität nicht. Es wolle nahebringen, daß seine Geschichtslenkung unter der Oberfläche bleibt, also nicht offensichtlich wird und des- wegen auch nicht bewiesen werden kann. Immerhin wiesen die öf- ters zu beobachtenden erstaunlichen Koinzidenzien darauf hin sowie die durchweg geschehende Peripetie oder - wie sie sagt - Setzungen und ihre Umkehrungen. Man könne daraus auf eine ver- borgene Kausalität schließen. Außerdem wolle das Buch die Ver- zweiflung bekämpfen, die unter den Juden der Zeit Platz griff, und ihnen ihre Verantwortung klar machen. Gott habe sie keines- wegs verlassen, aber sie müßten das Ihre dazutun, um sich zu behaupten. Der weitere Weg bestehe in einem Zusammenwirken zwi- schen Gott und Mensch. "... Yahweh's ultimate, but hidden, con- trol of history stands in creative tension with human responsi- bility. The future of the Jewish community resides not only with God, but with both God and humanity".

Clines (24) endlich griff in allerjüngster Zeit das Ester-Thema auf. Die anstehende Problematik betreffend, ist zunächst zu vermerken, daß er ebenso - wie hier geschehen (25) - das Ver-

---

23   S.B. Berg, After the Exile: God and History in the Books of Chronicles and Esther, The Divine Helmsman - Studies on God's Control of Human Events, presented to L.H. Sil- berman, ed. by J.L. Crenshaw - S. Sandmel, 1980 (p. 107 - 127: II. The Book of Esther)

24   D.J.A. Clines, The Esther Scroll - The Story of the Story, 1984

25   Siehe unten S. 78

ständnis von 8,11 übernommen hat, das Gordis vortrug (26). Weiter ist es seine Auffassung der Dinge, zur Rettung der Juden arbeiteten die göttlich gefügten Ereignisse und das Mitwirken menschlicher Courage und Klugheit zusammen (27). Er betont im Weiteren die Verläßlichkeit der göttlichen Kausalität, die keineswegs verborgen ist, aber nicht ausgedrückt (28). Das Element des Kampfes sei in der Darstellung und dem Wortgebrauch abgemildert. Es bleiben die Feinde anonym. Die Juden plündern nicht, und ihr Ziel ist die Ruhe (29). Absicht der Zusätze sei es, das Buch Ester einer Schriftnorm anzugleichen, wie sie besonders in Esra, Nehemia und Daniel zu finden sei (30).

26 Clines, a.a.O., S. 20; 39; 176 n. 9; 179 n. 3

27 S. 146; 151; 157

28 S. 156f

29 S. 159 - 162

30 S. 169 - Der S. 215 - 247 vollständig abgedruckte A-Text (die Septuaginta repräsentiert den B-Text) dürfte Anlaß zu weiteren Untersuchungen sein.

VIII

Unstreitig dienen die verschiedenartigen Beleuchtungen des Ge-
genstands je auf ihre Art, den Zugang zu entdecken. Konnte o-
ben schon formuliert werden, man sei gut beraten, wenn man dem
bisher zu einem angemessenen Verstehen der Estererzählung Vorgetragenen den ihm gebührenden Rang zuerkennt, so belegt das
vermehrte Interesse an diesem Teil des Kanons und die Einsicht,
das im Laufe unseres Jahrhunderts zu seiner Interpretation Beigesteuerte sei weiterhin beachtenswert, zudem der von Moore be-
sorgte und 37 seit 1891 bis in die Gegenwart publizierte Studien umfassende Sammelband (1). Die Beweisführung Loaders ver-
deutlicht, wie man unter Fortführung voraufgegangener Äußerungen neue Einsichten zu gewinnen vermag. Dem kritischen Überden-
ken bietet sich deshalb eine Reihe an Beobachtungen, die im
folgenden dargelegt werden sollen. Dabei ist u. a. auf längst
Vorgetragenes zurückzugreifen, was offensichtlich im Laufe der
Zeit nicht die ihm gebührende Aufmerksamkeit gefunden hat (2).

Man darf in der Hinsicht zunächst Sandmel (3) in Erinnerung
bringen, dessen Meinung zufolge das Buch in den Kanon gehört,
weil er eine Sammlung der Literatur eines Volkes ist, die ihre
Erfahrungen und Wechselfälle widerspiegelt. Manches in Ester

---

1   A.a.O. Einen Teil der referierten Würdigungen hat Kaiser,
    a.a.O., S. 208f, in seine sachgerechte Zeichnung der Ten-
    denz des Buches aufgenommen.

2   Es ist schwer zu mutmaßen, welche Folge die Ausführungen
    Th. C. Vriezens, Hoofdlijnen der Theologie van het Oude
    Testament, 1949, 3. Aufl. 1960 (dt. Theologie des Alten
    Testaments in Grundzügen, 1957, S. 69), zu Ester hatten.
    Seine Ideen sind hier nicht zu rekapitulieren, denn sie
    kommen in den vorliegenden Zeilen ausnahmslos zur Spra-
    che, da sie anderweitig vorher oder nachher ins Feld ge-
    führt wurden.

3   Sandmel, Hebrew Scriptures

stehe zwar im Gegensatz zum Gesetz, man dürfe jedoch die Män-
gel nicht überbetonen, denn die Erzählung sei eine leichte,
lose und lustige.

Nun wird man gerade dem Letzten nicht so ohne weiteres bei-
pflichten wollen. Es sei aber immerhin die Ansicht von
Jones (4) danebengestellt, welcher von der "humorous nature"
des Buches Ester sprach (5). Absurde Übertreibungen (6), Wie-
derholungen, Wortfülle und anderes stünden gegen den Vorwurf
der Grausamkeit. Der Autor wolle seine jüdischen Leser durch
Spott über die Mächtigen und diejenigen, welche Böses planen,
mit ihrer Situation als Minderheit aussöhnen und ihnen zeigen,
wie sie überleben können (7).

Die beiden Hauptpersonen, welche die jüdische Seite vertreten,
sind immer schon kritisch in den Blick genommen worden. Dabei
wurden sie - wie oben gezeigt - oftmals verunglimpft. Auf der
anderen Seite jedoch kam man der Art und Weise, wie sie gezeichnet worden sind, aufgeschlossen entgegen. Denn sie sollen
m. E. sicher richtig als solche begriffen werden, die sich für
ihr Volk einsetzen und das hingebungsvoll und mit Erfolg
tun (8). Es werden Glaube und Bewährung der beiden geschildert,

---

4   B.W. Jones, Two Misconceptions about the Book of Esther,
     CBQ 39, 1977, 171 - 181

5   Schon W.E. Beet, The Message of the Book of Esther, Exp.,
     Eighth Series, Vol. XXII, 1921, 291 - 300, deutete häu-
     figes Aufleuchten von Humor an.

6   So a. Kelly, a.a.O., S. 47; Übertreibungen und humoristi-
     sche Züge erwähnte gleichfalls schon Böhl, a.a.O.

7   Williams, a.a.O., S. 81, redet jetzt wieder von einer
     'satiric nationalistic fiction with many comic elements'.

8   So sehen die Dinge Kaulen, WWKL, J. Döller, Das Weib im
     Alten Testament, 1920, S. 61; H. Fuchs, Esther, JL, Bd.
     II, 1928, Sp. 530 - 533; K. Kupfer, אמתר מגלת - Das Buch
     Esther, 1931; Soubigou, a.a.O. Positiv schilderte auch
     A. Raleigh, The Book of Esther - its practical Lessons

die stellvertretend für die Juden stehen (9). Faulhaber (10) bezeichnete Ester als eine Nationalheldin Israels (11), die sich zu ihrer Rettungstat vom Allerhöchsten in Dienst genommen empfand und in ihrem Handeln die Stärke des göttlichen Armes offenbarte (12). Sie war dem Väterglauben treu und zeigte glühenden Patriotismus. Am weitesten ging Horowitz (13) bei seiner Beschreibung der beiden als typischer (14) Gestalten und Persönlichkeiten. Mordechai sei sittenstreng, selbstlos und geradsinnig (15). Er verfolge die allgemeinen Interessen und sei ein diplomatische Winkelzüge verschmähender Mannescharakter. Auf Esters Seite erkenne man inniges Gefühl, Treue, Klugheit, Besonnenheit und Vorsicht (16).

---

and dramatic Scenes, 1880, S. 242 - 245, die Individualitäten Mordechai und Ester.

9 So Dreissen, a.a.O.; Nagy, a.a.O.

10 A.a.O., S. 89f

11 Nöldeke, Esther, Sp. 1401; jetzt wieder Williams, a.a.O., S. 79f, lediglich Heldin ('heroine'); Kaulen, WWKL, Sp. 920: Glaubensheldin; Kelly, a.a.O., S. 42, prononcierte sogar Verwandtschaft zu Helden und Heldinnen der israelitischen Glaubensgeschichte; angemessener sprach Kalt, a.a.O., S. 98, von einer edlen Frauengestalt.

12 Dommershausen, Ester, bezeichnet Mordechai und Ester als Gottes auserwählte Werkzeuge (S. 8) und U. Winter, Frau und Göttin - Exegetische und ikonographische Studien zum weiblichen Gottesbild im Alten Israel und in dessen Umwelt, 1983, zählt Ester zu den von ihm so genannten "Mittlerinnen", worin sich die Mittlerstellung spiegele, welche die kanaanäische Göttin häufig zwischen dem Beter und der thronenden Gottheit einnimmt (S. 650f).

13 Ueber die Peripethie im Buche Esther, MGWJ 31, 1882, 49 bis 71 (S. 51); vor ihm schilderte Baumgarten, RE, Mordechai und Ester als edle und fromme Charaktere.

14 So a. Childs, a.a.O., S. 605

15 Böhl, a.a.O.: mutig und fromm

16 Böhl, a.a.O., und Vigouroux, a.a.O., Sp. 1977, nennen Ester mutig und fromm

Diese in der Vergangenheit angesetzten Linien kann man kritisch
abwägend weiterverfolgen, weil sie zu ihrem Teile dazu beitragen, ein sachgerechtes Bild zu zeichnen. Dahin gehört nicht zuletzt das Faktum der herausragenden Schönheit Esters, welches
ihr die Würde der Königin einbrachte und die Möglichkeit ver-
schaffte, zur Retterin ihres Volkes zu werden (17). Es liegt
hier ein wichtiges Motiv späten jüdischen Glaubens vor, der zu
der Vorstellung gelangt war, Schönheit und Frömmigkeit seien
zwei komplementäre Wesensmerkmale oder aber außergewöhnliche
Schönheit sei eine Chiffre für einzigartiges Glauben und Vertrauen. Neben Ester wird Judit, ausgestattet mit den gleichen
Eigenschaften (18), als Retterin der Juden geschildert, wobei
im Verlauf der Erzählung den Soldaten des feindlichen Heeres
der Satz in den Mund gelegt ist: "Τις καταφρονησει του λαου
τουτου ος εχει εν εαυτω γυναικας τοιαυτας;" (19).

Mordechai und Ester halten unter Lebensgefahr an ihrem Glauben
fest. Sie handeln den gegebenen Umständen entsprechend richtig (20) und setzen sich für ihn und für ihr Volk ein, indem

17 Diesen Sachverhalt arbeitete M. Augustin, Der schöne
   Mensch im Alten Testament und im hellenistischen Judentum, 1983, S. 210 - 213, heraus.

18 Jdt 8,7f; 10,7.14.19.23; 11,21.23; 12,13; weitere Belege:
   Sir 7,19; 26,16 - 18; 36,27f; Sus 2.22f; 1 Q GenAp XX,
   2 - 8; zu Jael s. bei Augustin, a.a.O.

19 Jdt 10, 19 aβ

20 So schon Keil, BC, S. 614; man vgl. dazu, daß Jones, a.a.
   O., sagt, die Frauen im Buche, vor allem Ester, seien
   durchaus nicht als Sex-Objekte gezeichnet, Ester handele
   weise; H. Bardtke, Neuere Arbeiten zum Estherbuch - Eine
   kritische Würdigung, JEOL 19, 1965/66 (1967), 519 - 549,
   äußert S. 547 über Mordechai: "Nach seiner Meinung müßte
   jeder Jude, der es kraft seiner Stellung vermag, für sein
   Volk eintreten, und im Gegenwehrerlaß ist das ja zum
   Grundsatz erhoben, denn die Gegenwehr geschieht als Volk,
   kraft der ethnischen Zugehörigkeit zu den Juden".

sie Mut beweisen und sich klug den Gegebenheiten anpassen (21).
Das ist freilich kein Paktieren oder Kooperieren mit der nichtjüdischen Umgebung, um ein erträgliches Leben zu haben, auch
keine Aufforderung dazu, wie Morris will (22), zeigt doch das
sachlich und zeitlich nahestehende Buch Daniel eigens, welche
Früchte es trägt, wenn der gläubige Jude sich nicht auf die Ge-
wohnheiten und Religionsübungen der heidnischen Umgebung ein-
läßt (23). Damit man sie aber als Menschen nicht ungebührlich
rühme, sind sie offenbar absichtlich als moralisch nicht über
jeden Zweifel erhaben geschildert (24). Dennoch darf und soll
der Jude in der Diaspora und auch im Heimatlande stolz auf dergleichen Menschen wie Mordechai und Ester sein, sich mit ihnen
eins wissen und sich über Erfolg und glücklichen Ausgang in
schwierigen Situationen freuen und sie zu Idealen eigenen Handelns küren (25). Wird Mordechai 10,3 als ein Mann apostro-
phiert, der das Gute für sein Volk suchte und zum Heil für sei-

---

21 Analoge Gedanken bei Bardtke, KAT, S. 251; nur Ester betreffend: E. de Marsay, De l'Authenticité des Livres
d'Esther et de Judith, 1911, S. 19

22 A.a.O., S. 127f

23 Faivre, a.a.O., S. 21 (die Juden vermischten sich nicht
mit den Persern, weil sie das Volk Gottes waren); v.
Orelli, a.a.O., spricht von aufopfernder "Entschlossen-
heit der getreuesten Glieder des angefeindeten Volkes";
Anderson, JR, S. 35

24 Chavannes, a.a.O., meinte, die Handlungsweise Mordechais
und Esters nur auf Selbsterhaltung und Patriotismus zu-
rückführen zu sollen (S. 190)

25 Jüngst bezeichnete schon Russell, a.a.O., Mordechai und
Ester als Typen von Glauben und rechtem Verhalten (S.
191); vgl. weiter K.H. Rengstorf, Herkunft und Sinn der
Patriarchen - Reden in den Testamenten der zwölf Patriarchen, La Littérature juive entre Tenach et Mishna, éditée
par W.C. van Unnik, 1974, S. 29 - 47; Kaiser, a.a.O., S.
208. Vor ihnen meinte S. Grill, Prophetische und nationale Züge in der Literatur der Makkabäerzeit, 1938, Ester
gehöre sachlich in die Liste der Vorbilder des Glaubens
Hebr 11 (S. 18). Dagegen setzt neuerdings wieder Moore,
ANcB, die Meinung, vorbildhaft seien Mordechai und Ester

70

ne Volksangehörigen redete, so will das Berichtete zeigen, was
die Juden allesamt, indem sie zueinander halten, unter Bedräng-
nissen, wie sie in der hellenistischen Zeit einsetzten, selbst
zu deren Bewältigung beitragen sollten (26). Die Schilderung
der Begebenheiten will Hörer oder Leser aktivieren (27), damit
sie ihrerseits in die Lage versetzt werden, in Verantwortung
der Gemeinschaft gegenüber für das eigene Volk einzutreten
(28), auch unter Einsatz des Lebens, wissen sie doch davon, daß
ihr Gott in das geschichtliche Geschehen eingreift, wann und
wie es ihm gefällt, um die Menschenherzen nach seinem Willen zu
lenken (29).

---

allenfalls in der griechischen Version, in der hebräischen habe Ester weniger Glaube als vielmehr National-
stolz (S. LIII f).

26   Vgl. Kaiser, a.a.O., S. 208. Ein den oben gezeichneten
Rahmen überschreitender Gedanke Meinholds, ZBK, S. 16,
sei an dieser Stelle eingeschoben: Die jüdischen Hauptpersonen seien willens und in der Lage, sich für das
Gastland und seine Probleme einzusetzen. "Eine Selbst-
absonderung oder Feindseligkeit der Juden gegenüber ihrer
nichtjüdischen Umwelt, wie fälschlicherweise und verall-
gemeinernd unterstellt wird (3,8), findet gerade nicht
statt."

27   Fuchs, a.a.O.

28   Siehe bei Bertholet, Theol.

29   Abgelehnt freilich von Gerleman, Studien, S. 48, Esther,
S. 43; Auzou, a.a.O., zufolge liegt die Thematik des Buches in der Herrschaft Gottes über die Ereignisse, sonst
könnte es gehässig und blutdürstig erscheinen (S. 266),
("Übertreibung und geschwollener Stil tragen dazu bei,
den Leser nicht zu sehr zu beunruhigen"); v. Orelli, a.a.
O., spricht von den "Fügungen einer höheren Hand"; interessant ist die Stellungnahme Horowitz', a.a.O., S. 71:
"... in dem so klaren und natürlichen Verlaufe seiner Begebenheiten offenbaret darum doch das Buch ein übernatür-
liches Walten, einen 'Geist des Heiligen', durch den die
Gerechtigkeit siegt und der Ungerechtigkeit 'Maß gegen
Maß' vergolten wird, durch den die Anstrengungen des
menschlichen Geistes für die Vertheidigung der Unter-
drückten mit so überraschendem Erfolge gekrönt werden."
- Gottes Rechtshandeln für sein Volk findet sich auch in

Anderson (30) sagt zu Recht, die Schlaflosigkeit des Königs
beispielhalber (31) sei ein Ausdruck der Intervention Gottes
zugunsten seines Volkes (32). Sie haben also allen Grund, auf
diesen ihren Gott, den sie seit den frühesten Zeiten kennen,
ihr Vertrauen zu setzen (33). Das Esterbuch läßt ihn erleben
als den, der sein Volk, durch das er in zunehmenden Maße der
Welt kundgeworden ist, behütet (34). Es ist der Jude nicht von
seinem Gott zu trennen, sofern er sich selbst gläubig auf ihn
verläßt (35). Wenn er bewußt an seinem jüdischen Wesen und
Glauben festhält, ist er ein lebendiger Zeuge seines Gottes
(36). Wird doch sogar an der Stelle, auf die schon zweimal

dem Zusatz 10,3 g-i als eigener Art der Deutung des Namens Purim ausgesprochen.

30   JR, S. 36

31   6,1

32   Ausführlicher stellt die Dinge, ebenso andere oben ange-
sprochene Sachverhalte aufgreifend, Bardtke, KAT, S.
405f, dar; s. auch bei Nagy, a.a.O., und R. Gordis,
Megillat Esther, 1974.

33   Faivre, a.a.O.; V. Orelli, a.a.O., S. 531; Busch, a.a.O.;
nach Baumann, a.a.O., ist die Zentralaussage des Buches
Selbstvertrauen bei Haman und von daher Auflehnung gegen
Gott, dagegen Gottvertrauen bei Ester. Fuerst, a.a.O., S.
90, sagt, das Buch rede von einem geführten und behüteten
Volk, dem die Dinge zum Guten ausschlügen, weil es Israel
sei. Der Autor, dessen Überzeugungen sich aus einer lan-
gen Glaubensgeschichte herleiteten, freue sich seines
Judentums. Sein vertrauensvolles Hoffen gründe in einer
sehr alten Verheißung.

34   4,14; 6,13; Dommershausen, BL, erkennt den Gedanken der
Erwählung und Erhaltung des Volkes und nennt als Axiom,
der Volksfeind sei Gottes Feind.

35   6,13; Bardtke, KAT, S. 407: "Verborgen unter dem ethnischen Aspekt, ruht im Esterbuch der Hinweis auf die Gültigkeit und Beständigkeit der göttlichen Verheißungen."

36   Haller, SAT, äußerte schon, Religion sei hier Treue gegen
das eigene Volkstum (s. 8,6), inbegriffen die Treue zu
Gott. Es ist ihm jedoch nicht Recht zu geben, wenn er behauptete, der Inhalt der Religion sei diesseitig gedach-

rekurriert werden mußte (37), ausgesprochen, einem Juden könne man nichts anhaben. Die Furcht vor den Juden (38) oder Mordechai (39) bewirkt die Annahme ihres Glaubens seitens bis dahin Andersgläubiger (40).

Die Religiosität der Juden erschöpft sich nicht in der nach außen erkennbaren Beobachtung gesetzlicher Bestimmungen, wie der Einhaltung der Speise- und Reinheitsvorschriften und des Fastens (41). Denn sie ist aus der Geschichte tief gegründet.

---

tes Heil, nicht die Ehre Gottes, und schließlich den Satz formulierte: "Der Jude ist sich selbst zum Gott geworden" (S. 329). Später brachte Eißfeldt, a.a.O., zum Ausdruck, die Aufnahme des Buches in den Kanon erkläre sich letztlich aus der engen Verbundenheit der jüdischen Religion mit dem jüdischen Volkstum. - Es sei in dem Zusammenhang notiert, daß man bisweilen unter Nennung von 4,14aα und 8,17bα den Verfasser des Esterbuches als einen gläubigen Juden bezeichnete.

37   6,13

38   paḥad hajj[e]hûdîm 8,17; 9,2b; vgl. Ex 15, 16; Jo 2,9; Dt 2,25; 11,25; Ps 105,38; 2 C 20,29. Die ältere Literatur sprach von dem Schrecken vor Jahwe bzw. Gott: 1 Sam 11,7; Jes, 2,10. 19.21; Ps 36,2; 119, 120; Hi 13,11; 2 C 14,13; 17,10; 19,7; 20,29.

39   paḥad mordåkaj 9,3; vgl. 1 C 14,17 (Schrecken vor David); nicht in den Kreis der hier zu zitierenden Belegstellen gehört paḥad jiṣḥāq Gen 31,42 (53), da es sich dort trotz mancher Zweifel (u. a. entgegen der These K. Kochs, påḥåd jiṣḥaq - eine Gottesbezeichnung? Werden und Wirken des Alten Testaments - Festschrift für C. Westermann, 1980, S. 107 - 115) um eine Gottesbezeichnung handeln dürfte, siehe E. Blum, Die Komposition der Vätergeschichte, 1984, S. 497 Fn. 25, bestätigt durch Meinhold, ZBK, S. 81 (zu 8,17).

40   8,17 (zum Verständnis s. Gerleman, Esther); vgl. Jdt 14, 6-10; möglicherweise liegt an der Stelle ein Rekurs auf Ezechiel vor: W. Zimmerli, Erkenntnis Gottes nach dem Buche Ezechiel, 1954.

41   Siehe 3,8; 4,3.16; Hävernick, a.a.O., S. 360; Faivre, a.a.O., S. 21; Chavannes, a.a.O.; Jampel, a.a.O., S. 516; Bertholet, Theol.; Meinhold, ZBK, mißt dem Fasten 4,16 den Charakter einer Anrufung Gottes bei.

Von daher muß man zweifelsohne die Weigerung Mordechais, vor
Haman das Knie zu beugen, verstehen, weil eine solche Huldigung
allein Gott zusteht (42).

Es ist schon seit langem vielfach ausgesprochen worden, daß angesichts der offenbar bewußten Vermeidung, Gott ins Spiel zu
bringen und namentlich zu nennen, wahrscheinlich 4,14 mit dem
Hinweis, Rettung könne den Juden von einem anderen Ort erste-
hen, und vielleicht 9,1 in der unpersönlichen Formulierung "es

---

42   3,2.5; Hävernick, a.a.O., S. 360; Horowitz, a.a.O., S.64;
     Kaulen, WWKL, Sp. 921, u. Einl., S. 271; Faivre, a.a.O.,
     S. 21; Chavannes, a.a.O.; Bigot, a.a.O., Sp. 868. Horst,
     a.a.O., vertrat die Ansicht, das Buch Ester nehme eine
     "eigentümliche Stellung zur Proskynese" ein. Er erklärte
     es aus dem Eindringen eines griechischen Motivs, nämlich
     dem Stolz vor Fürstenthronen. Die Haltung gründe in reli-
     giösem Bedenken, weil die Proskynese nur Göttern gebühre.
     - Bloch, a.a.O., S. 82, wies freilich ein solches Ver-
     ständnis zurück (Mordechais Weigerung sei nur Stolz);
     gleicherweise Nöldeke, Lit., S. 87; ders., Ester, Sp.
     1403 (die Verweigerung sei albern und resultiere nur aus
     Trotz); in der Weise viel früher Eichhorn, a.a.O., S.
     654 f; L.E.T. André, Les Apocryphes de l'Ancien Testa-
     ment, 1903, S. 195 - 208: Les Additions à Esther (sie sei
     dünkelhaft, weil es sich nur um eine Höflichkeit handele,
     die allgemein üblich war, S. 201); Jampel, a.a.O. - Es
     wurde außerdem immer wieder betont, in der Verweigerung
     der Proskynese vor Haman liege kein religiöses Moment, da
     sie höher Stehenden gegenüber ohne Vorbehalt geübt worden
     sei (siehe z.B. 2 Sam 14,22; 18,22). Man mag aber dabei
     die Erläuterung Stummers, a.a.O., im Gedächtnis behalten,
     wonach das Beugen des Knies in dem oben genannten Beleg
     durch den parallelen Gebrauch der Verben כרע und חוה ei-
     nen religiösen Akt meint, vgl. Ps 22,30; 95,6; 2 C 7,3;
     29, 29. - Vor Stummer hatte schon H. Bévenot, die Prosky-
     nesis und die Gebete im Estherbuch, JLW 11,1931, 132 -
     139, unter Heranziehung von Ps 95,6 die religiöse Bedeu-
     tung der beiden hebräischen Verben hervorgehoben. Da der
     griechische Text lediglich ein Verb, nämlich προσκυνειν,
     hat, das nicht religiös gefärbt sei, sondern nur einen
     höflichen Gruß ausdrücke, verneint es. B., hier sei ur-
     sprünglich religiös argumentiert worden. Mordechai hande-
     le demnach aus reinem Patriotismus (S. 135). - Die reli-
     giöse Begründung liest man immerhin allen Argumentationen
     entgegen in dem unter den Zusätzen zu Ester rangierenden
     Gebet Mordechais: 4,17 d.e.

74

geschah umgekehrt" - נהפוך הוא - auf ihn hinweisen (43). Darüber
hinaus wollten die in den griechischen Versionen sich findenden
Erweiterungen neben der Zielsetzung, die Glaubwürdigkeit zu er-
höhen oder einfach zu fabulieren, den religiösen Gehalt eintra-
gen oder vertiefen (44). Nicht allein die Einverleibung von Ge-

---

43 Freilich auch vielfach bestritten; bei Meinhold, Erwägun-
    gen, entdeckt man die interessante Bemerkung, Gott werde
    deswegen nicht genannt, damit klar ist, daß die Fragwür-
    digkeit der Einzelgeschehnisse nicht zu seinen Lasten
    geht. Das Geschehen wurde den jüdischen Hauptpersonen von
    ihrer Umgebung aufgenötigt, die demzufolge die größere
    Last trägt. - Die Vermutung, an den beiden Stellen Er-
    satzbezeichnungen für Gott zu haben, gründet - wie schon
    seit langem beobachtet - in der Neigung des Judentums, im
    Ausgleich zu der sublimer werdenden Gottesvorstellung
    mehr und mehr Ersatznamen zu verwenden, deren früheste
    Wurzeln wahrscheinlich im 6./5. Jh. v. Chr. liegen und
    wozu das Appellativum מקום/τοπος gehörte. Mehrfach meinte
    man bis in jüngste Zeit, diese Deutung auf Est 4,14 nicht
    anwenden zu dürfen, weil Ester und Gott nicht so einfach
    nebeneinander gestellt werden könnten, מקום vielmehr eben-
    so wie die jüdische Königin eine irdische Stelle meinen
    müsse. Es fragt sich, ob eine solche Beweisführung lo-
    gisch zwingend ist und man nicht eher aus den Zeitumstän-
    den und dem gesamten Hintergrund im Buche schließen muß.
    Bislang ist m. W. Dommershausen, Ester, S. 8, der letzte
    Kronzeuge für die Annahme, מקום sei hier eine Umschrei-
    bung für Gott. - Auch 1 Mkk scheint Gott fast nur durch
    Ersatzbezeichnungen genannt zu haben: Himmel (3,18f. 50.
    60; 4,10.40; 9,46; 12,15; 16,3), Retter Israels (4,30),
    αυτος (3,22), 4,24.55 liegen Umschreibungen vor. - Es sei
    immerhin daran erinnert, daß an der Stelle der bei
    Clines, a.a.O., abgedruckte A - Text Gott ausdrücklich
    erwähnt: ... ο θεος εσται αυτοις βοηθος και σωτηρια ...

44 Siehe oben Fn. V, 35; Gautier, a.a.O., S. 249 - 254; N.
    Poulssen, Esther - uit de Grondtekst vertaald en uitge-
    legd, BOT, 1971; Moore, AncB.A, S. 153f. 158. Auch André,
    a.a.O., räumt ein, die Zusätze hätten das Ziel, das Re-
    ligiöse einzutragen und Einzelheiten mitzuteilen, die
    vielleicht einem Bedürfnis entgegenkamen; da jedoch auch
    in den Zusätzen Nationalismus und wilder Haß enthalten
    seien (das doppelte Argument ebenso bei Bewer-Kraeling,
    a.a.O., S. 320), präsentiere sich die Septuagintafassung
    als noch schockierender, weil dort Gott ins Spiel ge-
    bracht sei (S. 200f). Metzger, a.a.O., behauptet sogar,
    in den Zusätzen zeige sich das Anwachsen des Antisemitis-

beten (45), sondern vielmehr alles die geistige Substanz des
Buches Angehende macht es klar, daß es sich dort nur um eine
Vertiefung oder besser Verdeutlichung in dem sonst üblichen
Erzählungsstil handelt, indem die Bindung der Juden an Gott,
ihr Lob, ihr Dank und ihre Rechtlichkeit hervorgehoben werden
und klar zum Ausdruck kommt, wie Mordechais und Esters Verhalten von ihrem Glauben bestimmt sind (46). Besonders erwähnt

---

mus und der Feindschaft gegen die Heiden (S. 63). Bei
Fritzsche, a.a.O., S. 72, konnte man lesen, in den Zusätzen trete "das religiöse Moment auf das Stärkste und bis
zur Bigotterie gesteigert" hervor. Grill, a.a.O., führte
aus, das hebräische Buch Ester besitze nationale Züge,
die deuterokanonischen Stücke dazu prophetische (S. 14).
Loader, POuT, sagt, der griechische Text sei theologi-
siert, in ihm gehe es um das offenbare Eingreifen Gottes
(S. 166f). A. Lefèvre - M. Delcor, Suppléments aux Livres
d'Esther et de Daniel, Introduction à la Bible, T. II,
2ème éd. 1973, S. 734 - 737: Esther, endlich meinen, das
Religiöse sei eingetragen, um das Buch humaner zu machen
(S. 737). - Siehe jetzt die Bearbeitung durch Bardtke,
Zusätze, S. 15 - 62. - Ein augenfällig divergierendes
Urteil vertritt Haenchen, a.a.O., S. 124: die Einschübe
im griechischen Text hätten die Komposition des Buches
verdorben, sie offenbarten ein literarisches Versagen des
Ergänzers, der die stete Beziehung auf Gott, der alles
zugunsten seines Volkes lenke, vermißte. Und M. Hengel,
Judentum und Hellenismus - Studien zu ihrer Begegnung
unter besonderer Berücksichtigung Palästinas bis zur
Mitte des 2. Jhs. v. Chr., 2. Aufl. 1973, beteuert, die
griechischen Zusätze verstärkten die religiöse Komponente, trügen aber gesetzlichen Rigorismus ein und arbeiteten den Gegensatz zwischen Juden und Heiden schärfer heraus und vertieften ihn (S. 187f).

45   4,17 a-i (Gebet Mordechais); 4,17 k-z (Gebet Esters);
      Kalt, a.a.O., redet von der Kraft des Gebets (S. 95); C.
      Burchard, Untersuchungen zu Joseph und Aseneth - Überlie-
      ferung, Ortsbestimmung, 1965, wies literarische Beziehung
      dieser jüdischen Schrift zu den Ester-Zusätzen, auch zu
      Judit und Tobit auf (Hinführung zur Peripetie durch ein
      Gebet der Hauptperson).

46   Brownlee, a.a.O., setzt sich mit Nachdruck dafür ein, daß
      der umfangreichere griechische Text die gleiche Geltung
      beanspruchen kann wie der hebräische (S. 178 - 185). Vor
      ihm betonte schon Reusch, a.a.O., S. 134: "Daß in den Zu-
      sätzen das religiöse Moment viel mehr hervortritt, be-
      gründet keine wesentliche, sondern nur eine formelle Dif-

sei, daß es im Gebet Mordechais heißt, niemand könne Gottes
Rettungswerk hindern (47), und Ester in ihrem Gebet klagt, die
Vernichtung der Juden würde zum Ruhm der heidnischen Götter
gereichen, den des jüdischen Heiligtums aber auslöschen (48).
Endlich sprechen die den Bericht über Esters Aufnahme beim König erweiternden Sätze ausdrücklich davon, Gott habe den Zorn
des Königs Ester gegenüber in Milde gewandelt (49).

Hierher gehört dann weiter der vom hebräischen Text abweichende
Wortlaut in 2,20, wonach Ester deshalb ihre Herkunft nicht zu
erkennen gegeben hatte, weil sie nach der Anweisung Mordechais
handelte, wie bis dahin Gott zu fürchten und seine Gebote zu
halten (50). Endlich betont der hinter 8,12 eingefügte Anerken-
nungserlaß das jüdische Selbstbewußtsein.

Weiterhin enthält der griechische Text noch einige andere kleine Erweiterungen, die Gott nennen, indem einerseits Mordechai
im entscheidenden Augenblick Ester auffordert, sie solle den
Herrn anrufen (51), und andererseits am Anfang des sechsten Ka-
pitels anstelle der unpersönlichen Festellung, in jener Nacht
habe der König nicht schlafen können, ausdrücklich gesagt

---

ferenz"; vgl. a. Renié, a.a.O., S. 257f

47   4,17b

48   4,17o - q

49   5,1e

50   Der Sachverhalt, daß Ester ihre jüdische Abkunft ver-
      schweigt, ist schon 2,10 erwähnt. C.H. Gordon, Introduc-
      tion to Old Testament Times, 1953, S. 278f, sieht hier
      das früheste Zeugnis der persischen Institution des kit-
      mân oder taqiyya (etwa 'dissimulation'), wonach die Er-
      laubnis gegeben war, seine Religion zu verheimlichen und
      sich als einer anderen Glaubensgemeinschaft zugehörig
      auszugeben, um persönlicher Gefahr zu entgehen. Danach
      bedeute 8,17 offenbar, sie gaben vor, Juden zu sein,
      nicht, sie wurden Juden.

51   4,8

wird, der Herr hielt den Schlaf von ihm fern (52), schließlich es wenig später heißt, der lebendige Gott stehe Mordechai zur Seite (53).

Obwohl Reuß das Buche Ester als polemische Schrift bezeichnet hatte (54), wird man es nicht als eine Kampfschrift, einen Aufruf zu Widerstand und Rache, bezeichnen dürfen. Dazu ist die Art der Darstellung nicht pathetisch genug. Man gewinnt auf dem Hintergrund viel eher den Eindruck einer nüchternen und distanzierten Schilderung der Ereignisse. Und es ist überdies zu bedenken, daß die Perser aufgefordert waren, das Eigentum der Juden zu plündern (55), die Juden dann ebenso dazu ermächtigt wurden (56), aber ausdrücklich darauf verzichteten, sich am Besitz ihrer erschlagenen Feinde zu vergreifen und zu bereichern (57).

Vorher ist auf dem Höhepunkt des Geschehens, der die Wende herbeiführte, das Faktum genannt worden, daß ein königlich-persisches Gesetz nicht annulliert werden durfte, die Juden folglich nur die Erlaubnis erhalten konnten, für ihr Leben schützend einzutreten, d. h. sich zu verteidigen (58). Die entsprechende Wendung verstand man bislang so, daß dort ausgesprochen ist, die Juden dürften ihre Feinde niedermachen einschließlich der

---

52 V. 1

53 6,13 - Im Urteil Brownlees, a.a.O., haben die kleinen verändernden Zufügungen (dazu ferner 3,7; 4,1; 8,11.17; 9,16b. 23-25; 10,3) die gleiche Bedeutung wie die großen Zusätze.

54 Litteratur

55 3,9.11.13

56 8,11

57 9,10b.15b. 16b; das stellte man schon mehrfach heraus

58 8,11; - Kaulen, WWKL, unterstrich sogar ausdrücklich, es gehe allein um Verteidigung bei einem Angriff (Sp.921).

Kinder und Frauen. Nun hat aber in jüngster Zeit Gordis (59)
die Aufmerksamkeit darauf gelenkt, daß ein solches Verständnis
syntaktisch nicht möglich ist (60). Anders als in 3,13 steht
עד נגשים nicht in Abhängigkeit der Infinitive am Anfang von
V.11aβ - denn sieben Worte befinden sich dazwischen -, sondern
als Akkusativ zu החרגים. Gesagt wird also, die Juden hätten die
Erlaubnis, jede bewaffnete Schar auszutilgen, die sie selbst,
ihre Kinder und ihre Frauen angriffen. Wenn - was m. E. zu-
trifft, da es sich in 8,11 um ein Zitat aus 3,13 handelt -
Gordis recht hat, fällt ein Hauptargument für jüdischen Rachegeist und Blutdurst dahin. Gordis betont ausdrücklich, das Buch
sei nicht 'anti-Gentile in spirit', nur 'antagonistic to the
enemies of the Jews' (61). Nur einmal fällt dann das Verbum
'sich rächen' (62). Der folgende, auf das Purim-Fest hinauslau-
fende Abschnitt (63) ist ein Kampfbericht im alten Stil. Man
kann sich der Einsicht nicht verschließen, daß dabei auf literarisch überlieferte Erzählungen aus der altisraelitischen Zeit
zurückgegriffen wurde, die den Sieg über die Feinde in nicht
glimpflicher Weise beschreiben, wobei Jahwe persönlich eingriff

---

59   R. Gordis, Studies in the Esther Narrative, JBL 95, 1976,
      43 - 58

60   S. 51f

61   S. 52

62   8,13 - Auf diese Belegstelle bezieht sich zweimal W.
      Dietrich, Rache - Erwägungen zu einem alttestamentlichen
      Thema, EvTh 36, 1976, 450 - 472. Er kommt auf Grund um-
      fassenderer Erörterungen zu der Ansicht, der Vers spie-
      gele eher blühende Phantasie als wirkliche Taten, und die
      Umkehr drückender Verhältnisse werde vielmehr von Jahwe
      erwartet (S. 458; 459 Fn 63). Obwohl nicht explizit auf
      Ester gemünzt, wird folgender Satz Dietrichs doch zu be-
      denken sein: "Wir haben es hier und in einer Reihe ande-
      rer, ähnlich gelagerter Fälle offensichtlich weniger mit
      Ausflüssen einer ungehemmten Destruktionslust als viel-
      mehr mit dem grundsätzlichen Postulat von Gerechtigkeit
      in einer Welt voll Ungerechtigkeit zu tun." (S.464).

63   9, 1 - 19

oder im Hintergrund stand (64). Und das Ziel der Kämpfe war es
- wie auch schon traditionell bezeugt -, die Ruhe vor den Feinden zu erlangen (65).

Man muß wahrhaftig, will man dem Esterbuch insgesamt - und das
heißt einschließlich der Erweiterungen - gerecht werden, in Betracht ziehen, daß bei seiner Abfassung die schriftliche Über-
lieferung Pate stand (66), wie letzthin mehrfach herausgearbeitet worden ist (67). Es steht in der Nachfolge der älteren und
rezenteren Traditionen, knüpft dort an und setzt jenes Denken
fort. Die literarischen und sachlichen Bezüge zur übrigen er-
zählenden und poetischen Literatur sind so groß, daß es von
dorther verständlich wird und man davon Abstand nehmen kann,
es unangemessen prophetischen Teilen des Kanons zu konfrontieren, die aus anderen Zeiten stammen und neben die es in seinem

---

64 Siehe z. B. Ex 17,8-16; Jo 10, 1-11; 1 Sam 15, 1-8.32f.
    Nach dieser Seite dachte bereits Eichhorn, a.a.O., als er
    schrieb: "Am allerwenigsten darf man Zweifel gegen die
    Kanonicität des Buches davon hernehmen, daß sein Inhalt
    so schwarz ist. Sind nicht manche Scenen in den übrigen
    historischen Schriften der Hebräer eben so schrecklich?"
    (S. 670). Levenson, a.a.O., S. 449, ist der Ansicht, man
    müsse Est 9, 6-10 literarisch verstehen; die Verse be-
    schrieben die Erfüllung dessen, was in Ex 17,14-16 und Dt
    25,19 niedergelegt ist. - Man bemerkt immerhin, daß der
    Satz 9,5 nahezu vollständig in der griechischen Bezeugung
    fehlt. Darin dürfte eine bewußte Milderung des Berichts
    zu sehen sein.

65 Dt 3,20; 12,9f; 25,19; Jo 1,13.15; 21,44; 22,4; 2 C 15,
    15; 20,30; bereits Bigot, a.a.O., versicherte, das Purim-
    fest gedenke nicht des Massakers, sondern der ihm folgen-
    den Ruhe und des Friedens: 9,16-22 (Sp. 868).

66 Das Entsprechende ist bei dem etwa gleichzeitig entstan-
    denen ersten Buch der Makkabäer der Fall. - Dommershau-
    sen, Ester, S. 6: es sind Traditionen und Motive aus der
    Josefs- und Exodusgeschichte benutzt. Siehe etwa auch
    Fredman, a.a.O., S. 121f.

67 Neuestens aufgegriffen durch R. Rendtorff, Das Alte Te-
    stament - Eine Einführung, 1983, S. 283f; ein erfreuli-
    ches Zeichen dafür, wie neue Erkenntnisse, das Esterbuch
    betreffend, Raum gewinnen.

80

eigenen Werte tritt.

Die beabsichtigte Wirkung einer solchen Erzählung, wie sie das
Esterbuch vorstellt, war es, den Selbstbehauptungswillen zu
kräftigen in einer Umwelt und unter Existenzbedingungen, die
auf mancherlei Weise die Juden im Heimatlande und in der Diaspora am Volkskörper und an Glauben und religiöser Sitte ge-
fährdeten (68). In dieser Hinsicht hatte bereits Davies (69)
bemerkt, es solle das jüdische Nationalgefühl gefestigt werden (70) und das Purimfest von seinem heidnischen Inhalt gerei-
nigt, damit es zu einem Mittel würde, den jüdischen Patriotismus auszudrücken.

Offensichtlich bedarf es in dem Belang eines Umdenkens, insofern die uns literarisch entgegentretende jüdische Selbstbe-
hauptung nicht mit einem abschätzigen Akzent versehen werden
darf, indem man den bloß nationalen Rahmen der Vorgänge zeigt
und sagt, das Judentum sei hier mehr auf Selbsterhaltung bedacht als auf die Erfüllung seines Heilsberufs an den Völkern
(71). Im Gegenteil kam darin der Wille zum Ausdruck, unter keinen noch so widrigen Umständen von dem überlieferten Glauben
und damit von Gott zu lassen. Die Erzählung ruft dazu auf, sich
zum eigenen jüdischen Wesen zu bekennen und dessen gewiß zu
sein, daß es eine Zukunft hat. Dieser Zukunft entsprechend sei

---

68   Schon Bardtke, Luther, urteilte zu Recht: "Es geht um die
      Existenz des Judentums und seine Selbstbehauptung..." (S.
      85); auch KAT, S. 406; Schultz, a.a.O., früher: die Ge-
      meinde konnte sich in der Zerstreuung behaupten.

69   A.a.O., S. 296, 301

70   M'Clymont, a.a.O., S. 773f, erwähnt wertfrei Patriotismus
      und Nationalstolz; R. Stiehl, Das Buch Esther, WZKM 53,
      1956/57, 4 - 22, nennt das biblische Buch einen "histori-
      schen Roman mit stärkster national-religiöser Tendenz".

71   So Scheiner, a.a.O.; Kuenen, a.a.O., S. 218; v. Orelli,
      a.a.O., S. 532

zu handeln, weil es die Zukunft Gottes ist (72).

Von anderer Seite ist zu hören, es herrsche der Glaube daran, daß die Gerechtigkeit über die Bosheit triumphieren werde. Es würde der Sieg des Guten über das Böse erwartet (73).

Die in den letzten Jahren virulent gewordenen Gedanken hat Dommershausen in seinen erst kürzlich erschienenen Esterkommentar (74) aufgenommen. Die einleitenden Partien führen unter anderem aus (75), die göttliche Gerechtigkeit fordere die Bestrafung der Judenhasser und überlasse sie Menschen. Der Verfasser vertrete den Standpunkt, Macht dürfe eingesetzt werden, "um religiösen Bekennern Sicherheit vor äußerer Bedrohung zu verschaffen". Gezielt werde auf Dreierlei, nämlich das Gericht über die Feinde Gottes, den Dank für die Rettung und die Eingliederung der Heiden in das Volk Gottes. Mordechais und Esters Verhalten offenbare vertrauensvollen Glauben an Gottes Hilfe. Mordechai stehe treu zu seinem Volk, dessen sich Ester fürsprechend annimmt und dabei sogar ihr Leben wagt. "An ihrer Person wird die alttestamentliche Erwählungstheologie besonders deutlich: Wen Gott erheben will, den erniedrigt er zuvor, der muß wie Ester zuerst durch die Tiefen des menschlichen Elends, der Angst und Gefahr." (76)

---

72 Childs, a.a.O., betont, das Buch Ester liefere die eindeutigste kanonische Bestätigung im gesamten Alten Testament für die religiöse Bedeutung des jüdischen Volkes im ethnischen Sinne. Die Einfügung des Esterbuches in den Kanon verwehre jedoch alle Arten von jüdischem Nationalismus, der aufkomme, wenn das Jüdische von den heiligen Traditionen getrennt wird (S. 606f).

73 Kelly, a.a.O., S. 43; Robert - Feuillet, a.a.O., S. 682

74 A.a.O.

75 S. 8

76 Den Satz liest man schon bei dems., Der Engel, S. 15

Um in Drangsalen standhalten zu können, ohne zu verzweifeln
und nicht unterzugehen, bedurfte es vorbildhaften und ermun-
ternden Geschehens, an dem man sich zu orientieren und zu
erkennen vermochte, wie die Bewahrung Glaubenstreuer zur Ehre
und Anerkennung Gottes selbst ausschlug (77). Aus geschicht-
licher Notwendigkeit entstand eine Literatur, die zum Ziel
hatte, die Behauptung der glaubenstreuen Juden in ihrer Umwelt anzuregen, zu fördern und zu unterstützen (78). Es ging
den Kreisen, unter denen sie aufblühte und die ohne nähere
Konturen bleiben, darum, beim überkommenen Glauben zu verharren, dadurch Gott und den von ihm hergeleiteten Lebens-
regeln treu zu bleiben und darauf zu vertrauen, daß Rettung
und Beschirmung erfahren werden kann (79). Neben der Ester-
geschichte zählen zu der gleichen Gattung (80) das Buch

---

77   Vgl. Preuß, a.a.O.; bei West, a.a.O., deuten wenige Zei-
      len das hier vorzutragende Veständnis bereits an (S.
      469).

78   Bereits H. Graetz, Geschichte der Juden von den ältesten
      Zeiten bis auf die Gegenwart, 2. Bd. 2. Hälfte, 1876,
      vertrat die Ansicht, Ester und Daniel hätten den gleichen
      Entstehungshintergrund und wollten die Begeisterung für
      das eigene Volkstum und zähes Festhalten daran wecken,
      Ester sei von einem Patrioten verfaßt worden, der sich an
      weltlich gesinnte Juden wandte. Nach Nagy, a.a.O., gehört
      Ester in den Kreis der zeitgenössischen Literatur, welche
      von den Großtaten Gottes für sein Volk berichtet; vor-
      sichtig andeutend in der Richtung Gerleman, Studien, S.
      48; Esther, S. 43.

79   Einen Aufruf zum Ausharren hat man auch Ha 2,4b. F.E.
      Gigot, Special Introduction to the Study of the Old Tes-
      tament, Part I, 2nd ed. 1903, ist der Meinung, die Ester-
      geschichte wolle den Juden einschärfen, daß Gott über
      sein Volk in dessen Bedrängnissen wacht und die Feinde
      zur rechten Zeit vernichtet (S. 357); vgl. Steinmueller,
      a.a.O., S. 145; Kelly, a.a.O., S. 43; Fuerst, a.a.O.,
      S. 32; auch die auf die Zeit nach der makkabäischen Er-
      hebung zielenden Ausführungen Hengels, a.a.O., S. 557 -
      564

80   Als Vorläufer kann man die Art der Darstellung in C an-
      sehen, speziell den Vergeltungsgedanken und die daraus
      resultierenden Berichte.

Judit (81) sowie die Hof- und Märtyrerlegenden Da 1-6 einschließlich der dort im griechischen Text enthaltenen Zusätze
(82). Oftmals wurde schon auf die Verwandtschaft und die un-
tereinander bestehenden sachlichen Beziehungen hingewiesen
(83). Doch auch das zweite Buch der Makkabäer rührt aus der
nämlichen historischen Situation her, indem es wunderbares
Eingreifen Gottes durch himmlische Wesen mitteilt (84), daneben indes gleichermaßen denen, die keine Hilfe erfuhren, aber
dennoch treu blieben und anderen ein Leitbild standhaften
Ausharrens wurden, die Frucht ihres Glaubens in der Welt Gottes
verhieß (85). Dazu gesellen sich ferner das dritte Buch der

---

81   So auch Renié, a.a.O., S. 255; vgl. Barucq, a.a.O., S.
      83f; Fuerst, a.a.O., S. 35, sieht in Judit die nächste
      Parallele zu Ester.

82   So Howorth, a.a.O.; in Da 2,48f; 3,30; 5,29 begegnet man
      - wie es von Mordechai erzählt wird - gleichfalls Juden
      in hohen Staatsämtern, ebenso in der Erzählung über den
      Wettstreit der Leibpagen Darius' I. (3 Es 3,1 - 5,6);
      vgl. a. Fuerst, a.a.O., S. 35. - Bloch, a.a.O., stellt
      Übereinstimmung zwischen Ester und Daniel in den Motiven
      fest, einen Unterschied hingegen in der Grundtendenz -
      Ester sei syrerfreundlich, Daniel makkabäisch - und be-
      zeichnet Ester als einen Antidaniel (S. 81 - 85).

83   Schon Gigot, a.a.O., äußerte, daß die sachlich einander
      sehr ähnlichen Bücher Ester und Judit offenbar die glei-
      che Zielsetzung haben; siehe ferner Robert-Tricot, a.a.
      O., S. 142; Stiehl, a.a.O.; Kelly, a.a.O., S. 42. 45;
      Moore, AncB, S. XXIX; Fohrer, Das AT, S. 131; Baumann,
      a.a.O., beschreibt die Verwandtschaft zwischen den Bü-
      chern Ester und Judit; Loader, Novel; E. Zenger, Das Buch
      Judit, JSHRZ, 1981, sagt seinerseits, im Buche Judit ver-
      wirkliche sich das Handeln Gottes durch das Engagement
      Judits, das Buch knüpfe bei Traditionen an, u.a. nennt Z.
      Ester. - Gregg, a.a.O., verglich die Zusätze in ihrem
      theologischen Gehalt mit Sirach und den Gebeten Daniels
      und Judits, von Gott werde dort wie in der älteren Lite-
      ratur geredet.

84   2 Mkk 2,21f; cp. 3; 10,29f; 11,8

85   Hierher gehören als thematische Einheit 4,47-49; 6,18-31;
      cp. 7 passim; 12,43-45; 14,46; vgl. daneben 4 Makk 5-18.
      - Zur geschichtlichen Glaubwürdigkeit siehe bei C.L.W.
      Grimm, Zweites Buch der Maccabäer, KEH, 1857, S. 130. Zum

Makkabäer (86) und endlich die Sapientia als Glaubensstärkung in einer Zeit, die viele sich vom Vätererbe abwenden ließ. In Judit und 3 Mkk trifft man ebenso die Peripetie im Gang der Ereignisse beschrieben, wie sie besonders Berg herausgearbeitet hat.

Zur Verdeutlichung der Zusammenhänge und zum besseren Ausdeuten des Esterbuches muß man es in das Licht dessen stellen, was man dort an Ideen und Überzeugungen vor sich hat. So wird über das bereits Genannte hinaus davon gesprochen, die Not, welche die Juden zur Zeit der geschilderten Ereignisse erlitten, diene der Erziehung oder Prüfung , damit ihre Gottesbindung wieder fester und lauterer werde (87), Gott lasse sie aber nicht im Stich (88), helfe ihnen vielmehr (89), denn er habe sich dem jüdischen Schicksal verbunden (90). Das Buch Judit enthält einen Passus, der geradezu als Lehre über Gott und sein Handeln gelten kann, wie sie in der hier im Blick liegenden jüdischen Geistigkeit lebendig war (91). Mitunter streicht die Literatur eigens das Vertrauen der Juden zu Gott heraus (92). Ferner ist zu lesen, wie Standhaftigkeit im Glauben und der Treue zum väterlichen Gesetz anderen zu nachahmenswertem Beispiel und

---

Geschichtswerk des Jason von Kyrene, aus dem der Verfasser des zweiten Makkabäerbuches eine Epitome erstellte, s. Hengel, a.a.O., S. 176 - 183

86 So Poulssen, a.a.O., nennt ferner Daniel und die Josefsgeschichte als literarischen Kontext; vgl. Bloch, a.a.O., S. 86 Fn.; Barucq, SB, S. 83f

87 2 Mkk 6,12-16; Jdt 8,25-27

88 Draco 38

89 1 Mkk

90 2 Mkk 8,14f

91 8,14-17

92 2 Mkk 8,18; 10,28; 15,7; Da 3,40 (Gebet Asarjas); 6,24

Vorbild (υποδειγμα) dient (93). Gegen die gesetzestreuen Juden kann niemand etwas ausrichten, sie sind unüberwindlich, da Gott auf ihrer Seite steht und ihr Mitstreiter ist (94). Die Heiden, ja selbst der König, erkennen den Gott der Juden in seiner Macht und Größe an (95). Nicht zuletzt beweisen die mehrfach vorkommenden Gebete, daß die griechischen Zusätze im Buch Ester keine Fremdkörper bilden.

Unverkennbar entstammen diese literarischen Zeugnisse einer Zeit, die auf dem Wege, den der israelitisch-jüdische Glaube zurückgelegt hatte, neue Erkenntnisse zu gewinnen in der Lage war. Die angeführten Stücke gehören nicht zur Apokalyptik, traten hingegen unter den gleichen zeitgeschichtlichen Bedingungen ins Leben. Deshalb findet man im Buch Daniel die Märtyrerlegenden mit den apokalyptischen Visionen verkoppelt und dort sowie in 2 Mkk den Glauben an die Auferstehung vertreten (96).

---

93   2 Mkk 6,28.31; gegensätzlich bezeugt 4,17, wie gefährlich es ist, gegen Gottes Gesetze zu verstoßen. Kämpferischer Einsatz aus Treue zum Gesetz wird auch in 1 Mkk betont (3,21; 14,29)

94   2 Mkk 3,38f; 8,36; 11,13; 15,27; vgl. auch 1 Mkk 4,11; 12,15

95   Da 2,47; 3,28f; 4,31f; 6,27f; 2 Mkk 3,36; 9,17; als Bitte Da 3,44f (Gebet Asarjas)

96   Da 12,2; 2 Mkk 6,26; 7,9.11.14.23.29.36; 12,43f; 14,46; die Auferstehungshoffnung auch in dem zeitlich nahen Beleg äth. Hen 90,33

IX

Begegnet hier religiöses Gut, das nicht nur Bestandteil des jüdischen Glaubens wurde, sondern seine Wirkung ebenso auf das werdende Christentum hatte, so wird man am Ende zu der Frage zurücklenken, wie das Buch Ester von christlicher Warte aus aufgenommen werden soll.

Kaum wird man es mit Scholz (1) repristinierend allegorisch verstehen dürfen. Ebensowenig können wir bei dem typologischen Verständnis verharren, wie es Zsckokke (2) vorführt. Die historisch-kritische Forschung hat andere Möglichkeiten eröffnet, und es ist dem heutigen Stand der Erkenntnisse angemessen, deren Wege zu verfolgen.

In Anbetracht all des Problematischen, was das Buch enthält, all dessen, was so wenig anziehend ist, worin vielmehr die schuldhafte Seite des Menschen zur Auswirkung kommt, meinte Browne (3), das Buch diene als ein Bild der unerlösten Menschheit. Bardtke, der einräumt, dem Esterbuch komme eine theologische Dignität im Rahmen des Kanons zu (4), sieht die Dinge ähnlich, wenn er der Ansicht war, es zeige sich die Erlösungsbedürftigkeit der dort handelnden Menschen. Diese empfänden sie aber nicht; sie werde nur sichtbar im Kreuz von Golgota, welches das Gericht über die Sünde und Gottes der Menschheit zuge-

---

1   A. Scholz, Commentar über das Buch "Esther" mit seinen "Zusätzen", 1892

2   H. Zschokke, Die Biblischen Frauen des Alten Testamentes, 1882, § 38 Esther, S. 348 - 362 (s. S. 361f); einen typologischen Bezug (Ester - Maria als Fürsprecherinnen) findet man auch bei Renié, a.a.O., S. 270

3   A.a.O.

4   KAT, S. 243

wandte Gnade manifestiere. Seiner Meinung nach vermöge das Esterbuch "nur im Aspekt des Kreuzes von Golgatha ... im Kanon der christlichen Bibel zum Christen zu reden" (5).

Eine divergierende Auffassung trug Schedl vor, als er von dem Mysterium Israel sprach (6). Israel sei erwählt (7) und könne nicht vernichtet werden. Gott sende in Zeiten äußerster Not den Retter. Nach allem werde es "verständlich, daß die Esther-Rolle die Rolle (megillah) des Judentums einfachhin geworden ist: das Hohelied der jüdischen Nation, das Hohelied ihrer Bedrohung auf Leben und Tod, ihrer Rettung und Rache" (8). Gerade diese Rolle halte ständig das ewige Mirakel des jüdischen Überlebens wach. Dieses Wesensmerkmal sei auf die Kirche als das wahre Israel zu übertragen (9).

---

5   Ebd. S. 407; in der Vorstellung Verhoefs, a.a.O., sind die Juden und ihre Geschichte, wie sie uns im Esterbuch entgegentritt, in die Gesamtgeschichte der Erlösung eingefügt; vgl. a. Anderson-Lichtenberger, a.a.O., die, wie oben bereits ausgeführt, die zeitgeschichtlichen Bedingungen tragisch nannten, wodurch das Kreuz Christi nötig geworden sei. Im Buch Ester komme das ureigen Menschliche zum Ausdruck.

6   A.a.O.

7   Die Erwählung apostrophierten auch Boxler, a.a.O.; Grasham, a.a.O., S. 106f. 111

8   Ähnlich formulierte das Letzte vorher schon Stiehl, a.a. O., S. 6: "Tatsächlich ist das Esterbuch ein Hoheslied nationalen Judentums. Es ist die Geschichte seiner Bedrohung auf Leben und Tod, seiner Rettung und seiner Rache." Vor ihr hatte Goldman, a.a.O., S. 193, von der immerwährenden Wahrheit der Erzählung im Esterbuch gesprochen. Das Buch sei beispielhaft für alle Verfolgungen der Juden, und es illustriere bündig und lebendig das ewige Wunder des jüdischen Überlebens.

9   Schedl, a.a.O., S. 17f; vgl. Loader, POuT, S. 161. L. geht S. 157 - 163 eigens der Frage nach, was das Buch für die Kirche bedeuten kann (De prediking van het verhaal voor de Kerk). - An dieser Stelle sei W. Vischer, Esther, 2. Aufl. 1947, erwähnt, der in seiner Art, das Alte Testament zu interpretieren, behauptete, das Esterbuch

Ein Jahr später erschien ein vom Verfasser autorisiertes Resümee des in Kairos 5 veröffentlichen Aufsatzes mit weiterführenden Erörterungen (10). Danach äußert Schedl dort, Israel wandere mit der Last Gottes durch die Weltvölker. Es könne keine Ruhe finden, bis es seine Aufgabe erfüllt habe. Und weil die Kirche als das wahre Israel (11) in das Erbe Israel eingetreten sei, bestünde für sie das Mysterium Israel weiter. Sie könne genausowenig vernichtet werden. Gegenwärtig herrsche die gleiche Situation für Juden- und Christenheit. Deshalb dürfe man das Buch Ester nicht ablehnen.

In ähnlicher Weise eingehend erörterte Anderson (12) die Frage, welchen Platz das Esterbuch in der Bibel einnehme. Er geht davon aus, daß es noch für viele ein Stein des Anstoßes ist, die Kanonisierung hingegen nicht als bloßer Zufall abgetan werden könne. Es liege schon eine eigene Weisheit und Bedeutung darin, daß Ester in der Heiligen Schrift steht, von der die Kirche behaupte, sie sei das Wort Gottes (13). Weil unser Glaube aus dem Judentum hervorgegangen sei, sollten wir im Bericht über das erbitterte Ringen um jüdisches Überleben trotz der menschlichen Schwachheiten darin den Beweis für das Handeln Gottes in

---

stelle die Judenfrage in aller Schärfe. Gott habe sie durch den gekreuzigten und auferweckten Christus Jesus gelöst, da er auch für die Juden gestorben sei, und es bleibe die Auserwählung Israels. Eine solche Sicht der Dinge wird der Eigenart dieses biblischen Buches kaum gerecht. Siehe vor allem die kritischen Äußerungen dazu bei Anderson, JR, Haenchen, a.a.O., S. 125-129, und Gerleman, Studien, S. 43-46, und Esther, S. 41f. In die Nähe Vischers gehört E.A. Rust, An Exposition on the Book of Esther, 1963, die die Erzählung typologisch auf Christus deutet.

10 C. Schedl, Das Buch Esther, TGA 7, 1964, 85-93; Schedl formulierte seine Ansicht ferner knapp in Geschichte des Alten Testaments, 5. Bd. 1964, S. 161f.

11 Vgl. Rö 2,29

12 JR

13 Ebd., S. 34

Israels Geschichte erkennen. Das Buch Ester bekunde die Unzerstörbarkeit Israels, des erwählten (14) Volkes Gottes. Dem Christen stehe diese Erzählung im Licht des Kreuzes und erfahre die Lösung ihrer Problematik in der Zukunft, wenn Gott Juden und Heiden versöhnen werde. Von dorther könne die Kirche nicht das jüdische Problem und ebensowenig Ester ignorieren (15). Die Bewahrung der Juden, damit von ihnen das Heil zu allen Völkern ausgehe, sei ein Zeichen der göttlichen Gnade, das Geheimnis seines Vorsehungshandelns, wodurch er seine Verheißung erfülle (16). Darauf basierend habe das Buch einen bedeutungsvollen Platz in der christlichen Bibel (17).

Eine konzise Äußerung kann sich anschließen. Nagy (18) umschreibt die Botschaft Esters dahingehend, daß darin zum Ausdruck gebracht werden soll, wie der Gott Israels der Herr der

---

14   Dommershausen bezeichnet jetzt das jüdische Abgesondertsein als Ausdruck der Erwählung (Ester, S. 8)

15   Anderson, JR, S. 40; Baumgarten, RE, schrieb schon im vorigen Jahrhundert: "Aber dazu ist nun das Buch Esther als Theil der heiligen Schrift der Heidengemeinde anvertraut, daß sie die Existenz der Juden mitten in der Welt nicht mehr ignoriere oder verachte, wie sie bis dahin gethan hat, sondern dieselbe mit gleicher Liebe und Erbarmung als ein göttliches Gefäß anschaue, wie einst ihr Herr und König und sie hat die Verheißung, daß sobald sie dieses aus dem reinen und vollen Triebe des Geistes thun wird, das arme Volk, welches sich jetzt um sein Purim sammelt und zwar immer noch weit volksbewußter, als die sogenannten christlichen Völker um die hohen Feste Jesu Christi, sein Purim verwandeln wird in das Fest des neuen und ewigen Lebens" (S. 182).

16   Eine in diese Richtung zielende Andeutung siehe auch bei Nagy, a.a.O.

17   Anderson, JR, S. 43 - Bei A.H. Sayce, An Introduction to the Books of Ezra, Nehemiah, and Esther, 3rd ed. o. J. (1893), liest man, das Buch möge einen säkularen Charakter haben, doch diene es dazu, Gottes Willen kundzumachen und den Weg für das Werk Christi vorzubereiten (S. 111).

18   A.a.O.

Welt ist. Er führe die Geschichte zu dem durch ihn vorherbe-
stimmten Ziele, wobei er sich auch menschlicher Unzulänglich-
keiten bediene. Im Buche stehe Gottes Handeln im Vordergrund,
nicht das der Menschen. Christlich aufnehmen könne man diese
Botschaft, indem man von dem lebendigen Gott und seinen Taten
rede.

In diese Richtung dachte schon Knight (19), als er in der Einleitung zu seinem Esterkommentar betonte, Ester sei in erster
Linie nicht ein Buch über Menschen, sondern über den lebendigen
Gott, den Gott der ganzen Welt, der in ihr machtvoll handelt.
Er rettet sein zur Erlösung der Menschheit erwähltes Werkzeug,
obwohl sich in ihm Pervertiertheit, Rachegeist und grausames
Handeln fänden. Charakterliche Qualitäten biblischer Persönlichkeiten, die sie durch göttliche Gunst erhielten, seien
allein vom heutigen Menschen zu erstreben und nachahmenswert.

Weiter geht Giffin (20). Heute Ester zu lesen, bedeute, an die
vergangenen und gegenwärtigen Unvollkommenheiten erinnert zu
werden, die Macht und Weisheit Gottes und die vollständige Abhängigkeit der Juden sowohl wie der Christen von Gott anzuer-
kennen. Weiter müsse man sich darüber klarwerden, daß das Gebet
heute genauso wie in der Vergangenheit wirksam ist und Gott
sich derer erbarmt, die im Glauben ihm angehören.

Von hier aus ist am Ende nochmals auf den vier Jahrzehnte früher erschienen Artikel Beets (21) zurückzulenken, weil er einen
entscheidenden Sachverhalt entfaltet, welcher, von gläubig
jüdischer Seite herkommend, ebenso in das Zentrum christlichen

---

19   G.A.F. Knight, Esther, Song of Songs, Lamentations, TBC,
      1955

20   A.a.O., S. 408

21   A.a.O.

Gottesglaubens trifft (22). Es verlautet, das Buch Ester enthalte eine Botschaft tiefreligiöser Bedeutung und höchst praktischer Wichtigkeit. Gottes Gegenwart und überlegene Weisheit seien in dem zielsicher verlaufenden Zusammenhang der zufällig und unverbunden erscheinenden einzelnen Ereignisse spürbar. (23). Die Abhandlung schließt mit dem Satz: "That the Great Unnamed is the ruling factor in human life, though He often works by means not always easy to detect, appears to be the profoundly important message of the Book of Esther."

Alles bisher Bedachte konnte Wesentliches zum Verstehen des Esterbuches ins Licht stellen (24). Vor allem aber hat sich ergeben, daß die Ausdeutung von seiten vieler jüdischer Gelehrter mit derjenigen konvergiert, die unter den nichtjüdischen mehr und mehr Verfechter bekommt. Vielleicht lassen sich sogar die Aspekte darüber hinaus erweitern. Obwohl die neutestamentliche Botschaft an keiner Stelle auf das Buch Ester Bezug nimmt (25), haben wir nicht nur das Recht, sondern auch die Aufgabe, es unmittelbar zu befragen. Denn die frühesten christlichen

---

22   Auch Berg, Book of Esther, S. 186, spricht sich jüngst wieder dafür aus, das Buch verdiene einen Platz in der Heiligen Schrift und biete ein fruchtbares Feld für theologische Fragestellungen von jüdischer und christlicher Seite. Ein Säkulum früher hob Bloch, a.a.O., S. 54 - 59, die bis zur Gegenwart gültige typische Bedeutung des Geschilderten hervor.

23   Der Autor gebraucht das Wortspiel: "... the apparently casual is seen to be really causal." - Von Gottes geheimnisvollem Walten in den vielen "Zufälligkeiten", in dem wunderbaren Ablauf der Ereignisse, sprach später auch Dommershausen, Der Engel, S. 14; deutlicher herausgestellt durch Fredman, a.a.O., S. 111 - 114; s.a. Grasham, a.a.O., S. 106: "the key to the theology of Esther is *Heilsgeschichte*".

24   Man vergleiche auch die Möglichkeiten christlicher Aufnahme des Buches, die Raleigh, a.a.O., S. 245 - 252, darlegt.

25   Der Mk 6,23 aufgenommene einzige Rückgriff auf Est 5,3.6 und 7,2 betrifft lediglich eine rhetorische Floskel.

Gemeinden lebten mit der tradierten jüdischen Literatur und setzten sie voraus. Hauptsächlich kam es ihnen darauf an, das Christusereignis zu verarbeiten und sich anzueignen. Das bedeutete aber keine Abkehr vom Alten, im Gegenteil eine Ergänzung durch das Neue. Wir werden uns deshalb der Geisteswelt und Frömmigkeit, die Ester bewahrt, in ihrer Vielfalt konfrontieren müssen, bildet es doch auf seine Art einen integrierenden Bestandteil des alttestamentlichen Kanons und demzufolge der Heiligen Schrift insgesamt. Der Christenheit obliegt es, danach zu fragen, inwiefern die Notwendigkeit besteht, ihre Entscheidungen von einem durch das Evangelium veränderten Blickwinkel her zu treffen, wo andererseits ihre Geistigkeit der des Esterbuches mehr oder weniger konform ist und inwieweit sie die Möglichkeit hat, aus jener Glaubensintensität Gewinn für sich zu ziehen.

BEITRÄGE ZUR ERFORSCHUNG DES ALTEN TESTAMENTS UND DES ANTIKEN JUDENTUMS

Herausgegeben von Matthias Augustin